JN233696

近現代教育史

柴田 義松
斉藤 利彦 編著

学文社

執筆者

前之園幸一郎	青山学院女子短期大学	[第1章]
勝野 正章	東京大学	[第2章①, 第3章②]
小林 亜子	埼玉大学	[第2章②]
石井 正司	日本大学	[第2章③, 第3章④]
宮本 健市郎	兵庫教育大学	[第2章④, 第3章①]
*柴田 義松	東京大学	[第2章⑤, 第3章⑤, 第6章]
石川 啓二	山梨大学	[第2章⑥, 第3章⑥]
古沢 常雄	法政大学	[第3章③]
*斉藤 利彦	学習院大学	[第4章]
佐藤 広美	東京家政学院大学	[第5章]

(執筆順, *印は編著者)

(扉の絵は, ロバート・オーエンの「性格形成学院」(G. Hunt画))

まえがき

　かつて新世紀の夜明けを前にして「やがて20世紀は子どもの世紀となるであろう」と宣言されたりもしたのだが(エレン・ケイ『児童の世紀』1900年)、「キレル」「ムカツク」「やりたくねえ」などといって荒れる最近の子どもたちの実態や年々増えつづける不登校の生徒数などを知るとき、そのような願望の実現には、前途なお多難であるとの感をいだかざるをえない。

　新しい世紀への変り目にあたり教育改革論議は今や真っ盛りの様相を呈している。そのこと自体が、現在の学校や教育がさまざまの問題をかかえ、病んでいることの証しであろう。

　少子化の時代に入り、現在の子どもたちはかつてに比べ格段の物質的豊かさや便利さのなかで暮らし、一人ひとりにかけられる教育の質や量はより充実してきているはずなのに、実際には、子どもを取り巻く教育環境に多くのマイナス要因があり、問題が噴出しているのである。

　「21世紀を展望した我が国の教育の在り方について」審議した中央教育審議会もこのような現状認識に基づき、「ゆとり」のなかで「生きる力」の育成をはかることが重要であるとして、次のように述べている。

　「これからの子供たちに必要となるのは、いかに社会が変化しようと、自分で課題を見付け、自ら学び、自ら考え、主体的に判断し、行動し、よりよく問題を解決する資質や能力」である。したがって、「これまでの知識の習得に偏りがちであった教育から、自ら学び自ら考える力などの〈生きる力〉を育成する教育へとその基調を転換して」いくことが必要である(1996年答申)。

　学校教育の「基調を転換する」ということが、その後教育課程審議会の答申などでもくり返し強調されている。「教育の基調を転換する」というのだから、

その意気込みを感じさせるが，その中身は，すでに臨時教育審議会(1984-87年)以来言われつづけてきた，過熱する受験競争のため「偏差値偏重，知識偏重となり，創造性・考える力・表現力よりも記憶力を重視するものとなっている」学校教育の「基調」を改めるということである。

ところで，このような「学び方の転換」というのは，教育史をひも解けばわかるが，ずっと古くから言われてきたことである。わが国でも，表現こそ多少の違いはあれ，明治以来何度もくり返し主張されてきている——他律的教育から自律的学習へ，受動的学習から能動的学習へ，記憶力重視から思考力・創造力重視の教育へ，知識詰め込みの教育から自ら学び自ら考える教育へ，など。

そんなにも言われつづけながら，どうしていまだに実現しないのだろう。

そのことを詳しく究明することこそが重要であり，今もっとも必要とされることではないかと，私などは思う。

私自身は，第2次世界大戦後の教育改革を身をもって体験したうえ，教育研究に携わってからも授業や学び方の研究を基本テーマとしてきたので，この問題には否応無しに強い関心をもたざるをえなかった。その立場からいえば「学び方の転換」というのはたしかに「教育の基調の転換」といわれるほどの大事業なのであって，それが実際に成就するためには，少なくとも次のような条件が充たされる必要があると考える。

① 教育改革の歴史に学ぶこと。社会的文脈のなかにその歴史を位置づけながら，学び方の転換の成功例・失敗例の原因をとことん追求すること。

② 学び方の転換は，学校運営全体にかかわるより大きな教育改革の一環として成立するものであり，教育条件の整備・確立が不可欠の前提となるということ。

③ 学び方の転換は，その教授—学習過程に関する理論的・実証的な研究の裏づけが必要であり，教員の研修・自己研修も必須の条件となるということ。

ところで，わが国で学び方の転換に関するこれまでの試みが何故うまくいかなかったのか。それは，何よりもそのことの徹底した原因追求と反省が，これ

までほとんどなされないままにきていることによると私は考える。

　たとえば，ほぼ10年おきにおこなわれている学習指導要領の改訂がそうである。前の学習指導要領にどのような問題点があったのか，その詳しい分析や反省がおこなわれたのかどうか，公表されたことは一度もない。学習指導要領の改訂は，いつも時代の変化に合わせて変わるだけであって，過去の分析・反省にもとづくものではない。教育の基調を転換するとまでいう今回でさえそうなのである。これでは，それまでの学習指導要領が規定する教科教育のあり方とか，教育内容の基礎・基本などが根本的に刷新されるようなことはありえず，いつも僅かな部分的修正にとどまらざるをえないのも当然のことであろう。

　「過去に目を閉ざす者は，結局のところ現在にも盲目となる」（ヴァイツゼッカー）という言葉は，この場合にもあてはまることといわねばならない。

　教育史への関心とその基本的知識を現場の教師や教育行政担当者だけでなく，広くマスコミ関係者や父母，とりわけ教職をめざして教育学を学ぶ学生諸君にももってもらいたいと私たちが切に思うのは以上のような理由からである。

　同じ理由から，本書では20世紀の現代教育史に重点をおくことにした。20世紀は「児童の世紀」ではなかったとしても，「教育改革の世紀」であったことは確かであり，20世紀の学校は教育改革で始まり，断続的な教育改革の波によって右に左にと大きく揺さぶられてきたからである。近代以前の教育および近代教育史についても，現代教育との関連をできる限り意識して叙述することにした。また，諸外国の教育改革についても日本の教育改革との比較・関連づけをできる限りはかることにした。

　21世紀に向けてどのような教育改革が今本当に求められているのかを真剣に考えようとする読者に，何らかの示唆を与えることができればと願っている。

　読者の皆さんの率直な感想をお寄せいただければ幸いである。

　　2000年2月

　　　　　　　　　　　　　　　　　　　　　　　　　柴田　義松

目　次

第 1 章　近代以前の教育 ——————————————————————— 7

　　① 古代ギリシア・ローマの教育（ソフィスト，ソクラテス，キケロ）　7
　　② ルネサンス・宗教改革と教育（ルター）　9
　　③ コメニウスの教育思想　13

第 2 章　公教育制度の成立と近代教育思想の展開 ———————————— 15

　　① イギリス公教育制度の成立と教育思想（オーエン）　15
　　② フランス公教育制度の成立と教育思想（ルソー，コンドルセ）　22
　　③ ドイツ公教育制度の成立と教育思想（ペスタロッチ）　33
　　④ アメリカ公教育制度の成立と教育思想（H.マン）　41
　　⑤ ロシア公教育制度の成立と教育思想（トルストイ，ウシンスキー）　51
　　⑥ 中国公教育制度の成立と教育思想（蔡元培，陶行知）　56

第 3 章　各国における教育改革の展開 ———————————————— 65

　　① アメリカ（デューイ，教育の現代化と人間化）　65
　　② イギリス（トゥーニー，プラウデン，ナショナルカリキュラム）　77
　　③ フランス（シュヴェーヌマン・ジョスパン改革，フレネ教育）　86
　　④ ドイツ（ワイマールの学校妥協，東西ドイツの教育改革）　98
　　⑤ ロシア（クルプスカヤ，マカレンコ，ペレストロイカ時代の教育）　106
　　⑥ 中国（文化大革命，義務教育法，伝統文化復活）　118

第4章 近代日本教育制度の成立 ―― 125

   1 江戸時代　125
   2 近代学校制度の創設　128
   3 「学校令」の制度　133
   4 教育勅語体制の成立　135
   5 学校制度の拡充と教育内容　137

第5章 大正・昭和初期の「教育改革」と教育運動 ―― 141

   1 「大正デモクラシー」と新教育運動　141
   2 教育運動の新展開と戦時教育体制　148

第6章 戦後日本の教育改革の展開 ―― 157

   1 戦後新教育とその批判　157
   2 高度経済成長下の教育制度再編と教育運動　163
   3 臨教審・中教審による教育改革構想　167

資　料 ―― 173

   各国の学校系統図　174
   外国教育史年表　178
   日本教育史年表　179

索　引 ―― 185

第1章　近代以前の教育

1　古代ギリシア・ローマの教育(ソフィスト，ソクラテス，キケロ)

ポリスとギリシアの教育

　前8世紀半ば頃からポリスと呼ばれる都市国家が現れ，それらは多様で独自の発展をとげてギリシア文化の基礎を築くことになる。ポリスにおいては，市民は共同体の一員として公的生活に参加しなければならず，また市民は全人間的な能力の調和的に発展した人間であることが求められた。ギリシア人は，全面発達した自由人の育成を「パイデイア」と呼んだ。前8世紀頃のものとされるホメロスの『イリアス』『オデュッセイア』とヘシオドスの『仕事と日々』は，アルカイック期ギリシア社会を背景とする作品であり，そこにはギリシア人の人間理想と教育的営みが語られている。

　典型的ポリスとして，アテネとスパルタがある。軍国的共同体のスパルタでは，市民はポリスへの全面的な献身と服従を要求された。民主的なアテネにおいては，個々の市民の人間形成が重視され，「美にして善なるもの」(カロカガティア)が教育目標とされた。

ソフィストの出現とソクラテスの人間教育

　アテネは，前5世紀の「ペリクレスの時代」に文化の最盛期を迎える。その社会的，文化的高まりを背景にソフィストが現れる。彼らは，真理を「習慣

(ノモス)と「自然」(フュシス)に分けて認識する主観的で相対主義的立場にたち，知識は教えられるとした。これに対してソクラテス(Sokrates 前469-395)は，真理の普遍性とともに人間形成における「知恵」(ソフィア)の重要性を強調した。彼は，「対話術」(ディアレクティケー)によって若者たちに働きかけた。その教育方法は，相手を論理的「矛盾」(アポリア)に陥れることにより自己の「無知」の自覚に相手を導き，若者自身の魂のなかから真理を生み出させ，徳に向かわせることを目標とした。ソクラテスは，これを魂の「産婆術」と呼んだ。

　プラトン(Platon 前427-347)は，民衆の無知によって殺された師ソクラテスの思想を，イデアの貫徹する理想的『国家』において発展させた。彼は，哲人王による理想国家を説き，人間のもつ個性的な素質がその天分に応じて形成，発揮されなければならないとした。究極の真理である善のイデアの認識へのプロセスが「洞窟の比喩」によって述べられている。

　アリストテレス(Aristoteles 前384-322)は，プラトンの思弁的抽象的なイデア論に対して真実は諸事実のなかにのみ存在するとの客観的経験重視の立場をとり，学問の体系化を企てた。『ニコマコス倫理学』や『政治学』において，人間の幸福と国家組織の関連が論じられ，人間は国家によって完成される動物であるとの人間形成論が展開されている。

ローマの教育

　ローマ建国は伝承によると紀元前753年である。共和政初期のローマ人たちは，父親を中心とする家庭生活を基本にして農業と牧畜に従事していた。父親の権威は「父権」(patria potestas)と呼ばれ，子どもはこの強力な「父権」のもとで，父親を模範として家庭教育によって実践的なローマ人に育成された。この伝統は「祖先の慣習」(mos maiorum)として尊重され，前449年にローマ市民の権利と義務を定める十二表法にまとめられた。

　ローマは，前2世紀以降，被征服民族のギリシア人から大きな文化的影響を

うけることになる。上層市民は，リテラートゥス(literatus)，ペダゴーグス(paedagogus)と呼ばれるギリシア人の奴隷や解放奴隷を子どもの教育に当たらせた。また，一般の市民のためには，私的な教師(literator)が教える読み書き算の初等教育機関(ludus)が生まれた。さらにこのルードゥスの上に文法教師(grammaticus)が教える文法学校も現れた。

　キケロ(前106-43)は，ギリシア文化の摂取を通してローマ的思想の確立をめざし，法廷・政治弁論，修辞学，哲学についての多くの著作を残した。ワルロ(前116-27)は，その『訓練論』(Disciplinae)のなかで教養の基礎について論じ，基礎三学芸の「トリウィウム」(trivium)および高等四学芸「クァドリウィウム」(quadrivium)から構成される「七自由科」のカリキュラムを提示した。前者は「文法」「論理学」「修辞学」，後者は「算術」「幾何」「音楽」「天文学」である。

　アウグストゥスによる帝政の確立(前31年)によってローマは文化的黄金期を迎え，「ローマの平和」(pax romana)が訪れる。皇帝が行政官を通じてその命令を遠隔の地方まで伝達するための必要性から官吏養成機関化されていた「修辞学校」は，やがてその性格を変え，ローマ文化を帝国内に伝播するための教養的な高等教育機関として位置づけられるようになる。その初代の勅任教授に選ばれたのがクインティリアーヌス(35?-95?)である。クインティリアーヌスは，『弁論家の教育』(Institutio oratoria)を著し，完全なる弁論家は同時に善き人間でなければならないとして，幼児期から弁論術の最高段階までの教育課程を前提とする人間形成論を展開した。

2　ルネサンス・宗教改革と教育(ルター)

都市の発達とルネサンス

　イタリアにおいて12世紀末から現れる都市国家(comune)の発展は，中世社会には見られなかった新しい社会的現実をつくりだした。市民たちは都市の運

営に自ら参加する経験を通して、現実が人間の力によって変革可能であることを自覚しはじめる。その意識の転換は、人間の諸能力への注目、さらには人間がもつ尊厳さの自覚を生み出した。14世紀から16世紀にかけて明確になるこの新しい文化的・思想的潮流がルネサンスである。ルネサンスは「人間」を中心とする観点から自然・社会・人間の本質へ目を向けたが、とくに人間そのものの本質を追求する動きのなかからヒューマニズムが生まれる。

　アルベルティ(1404-72)は、人間の社会の現実は「運命の女神」(Fortuna)の気まぐれと人間の諸能力(Virtu)とがせめぎあう戦場だと考えた。その運命に立ち向かう人間の力(ヴィルツゥ)は、古代人たちの古典のなかにある人間性に学び、発展させることができるとした。アルベルティは、多面的能力を全面発達させた「普遍的人間」(l'uomo universale)を自ら具現した人物であった。ピコ・デッラ・ミランドーラ(1463-94)は、人間は行動と意志を自ら決定する自由意志の主体であると宣言した。その著『人間の尊厳について』では、自己の意志と選択に基づいてすべてを決定するようにと、神は人間に固定した容貌も特定の使命も与えなかったと述べている。

古典研究と人間形成

　ヒューマニズムは、古典研究を通しての新しい人間の形成をめざした。権威的な訓詁注釈ではなく、古典との直接的な対話をおこなうことが追求された。そして本来の人間性をとりもどすための「古典的人間教養研究」(Studia humanitatis)が生まれる。キケロの『弁論家について』、クインティリアーヌスの『弁論家の教育』、プルタルコスの『子どもの教育について』などが古典の代表として学ばれた。ヴェルジェリオ(1370-1444)は『子どものすぐれた習慣と自由学芸について』において人間形成を教育的観点から体系的に論じた。それは、ヒューマニズムの教育宣言の書と呼ばれている。マッフェオ・ヴェジオ(1407-58)は、キリスト教的ヒューマニズムの立場から教育論を展開した。ヴィットリーノ・ダ・フェルトレ(1373-1446)、グアリーノ・ヴェロネーゼ(1374

-1460)は，これらのヒューマニズム教育論をもとに教育実践者として活躍した。前者はマントヴァの宮廷における学校「楽しい家」(カーサ・ジョコーサ)の設立者として，後者は学者にしてヴェローナの都市学校の教師として個性的なヒューマニズム教育を展開し，大きな影響を与えた。

アルプスの北においては，エラスムス(1469-1536)，ラブレー(1496-1553)，モンテーニュ(1532-92)などが，ヒューマニストとして伝統批判的活動を展開した。社会の偽善や形式主義を批判し，諷刺するエラスムスの『痴愚神礼賛』，教育の形式主義・記憶主義を批判するラブレーの『ガルガンチュアとパンタグリュエル』，教育のペダンチズムと古典語崇拝を批判するモンテーニュの『エセー』などは，ヒューマニストの精神で貫かれている。

ルターとプロテスタンティズム

ヒューマニズムの運動のうねりが頂点を迎えつつあったとき，ドイツ語圏においては形式化，世俗化されたローマ・カトリックに対する批判が展開されていた。それは，形式的な典礼や儀式の重視，免罪符をめぐる教会の世俗化に対して，信仰は原始キリスト教の理念に立ち返るべきだとする革新的精神によるものであった。

1517年10月，ウィッテンベルク大学教授であるルター(M. Luther 1483-1546)は，免罪符を批判する「九五カ条の論題」を貼り出し宗教改革ののろしをあげた。これに呼応してスイスのチューリッヒでは1519年頃からツヴィングリ(1484-1531)が宗教改革運動を指導し，市参事会もローマ教会からの分離を宣言した。バーゼルやベルンなどの都市もそれに続いた。

ルターは，宗教改革の革新的精神と改革の根本原理を明確に示した。彼によると，まず第1に，信仰は道徳的善行やサクラメントの儀式によってではなくただ内面的な信仰によってのみ，神によって義(ただしい人間である)と認められる(「義人論」)。

第2に，神の恩寵と神の真理は聖書のなかに啓示されているので，絶対的に

尊重されねばならないのは聖書である(「聖書主義」)。

　第3に，信仰における宗教的身分制は不必要であり，人間は神の前では平等である(「万人司祭主義」)。この基本原理によってプロテスタンティズムの運動は大きく発展させられる。

宗教改革と教育

　プロテスタンティズムの聖書主義は，民衆に対する教育の普及の問題と密接にかかわっていた。誰もが聖書を読み，理解できることがプロテスタンティズム運動の出発点であったからである。

　ルターによる『ドイツ全都市評議会員に与うる学校設立の必要についての訴え』(1524)，『子どもを就学さすべきことについての説教』(1530)は，都市政府による民衆のための学校設立の必要性が説かれ，義務教育の理念の萌芽が素朴なかたちで主張されている。

　ドイツ各地でルターの影響による教育改革の試みが展開された。その代表的な人物としてメランヒトン(1497-1560)があげられる。彼は，ヒューマニズムの精神をプロテスタンティズムのなかに取り入れる努力をおこない中等教育改革をおこなった。

　他方，ローマ教会は，またたくまに進展した宗教改革の勢いに衝撃をうけ，カトリックの体制的刷新と立て直しのためにトレント公会議 (1545～63年) を開催した。この会議の大きな成果の一つは，イグナティウス・ロヨラ(1491-1556)を中心とするイエズス会の出現である。イエズス会は，布教のために聖職者養成の教育組織，イエズス会学院を設立した。その学事規則「ラティオ・ストゥディオールム」は精密な教育課程を定め，その学院は2世紀以上にわたって存続した。

③ コメニウスの教育思想

時代背景

　コメニウス(J.A. Comenius 1592-1670)は，チェコスロバキアのモラヴィア出身の宗教改革者，教育思想家であり，チェコ名はコメンスキーである。宗教改革のフス運動の系譜に属するボヘミア同胞団の成員として活躍し，のちにその指導者となった。ボヘミア人の民族的独立と宗教的自由をめざすこの教団の運動は30年戦争でドイツ皇帝軍に制圧され，その結果は教団の非合法化におわった。そのためにコメニウスは，生涯を通してヨーロッパ各地を亡命，流浪のうちにすごした。

　しかし，厳しい逃亡生活を送りながらも，コメニウスは，宗教改革と祖国解放を一体的に達成する希望を終生失わず，最終的には，現世に平和を実現するための世界政府樹立の理念を抱いていた。その理念の背後には，神の調和的秩序が世界を支配しており，人間は知識を通して徳に向かい，そして信仰にいたるとするコメニウスの世界観があった。そこで，彼はすべての人があらゆる分野の統合された共通必須の普遍的知識の体系(パンソフィア〈汎知学〉と彼は呼んだ)を学ぶべきだと説き，そのための体系化につとめ著作活動をおこなった。その主著『大教授学』(1657)は体系的教授学の先駆的意味をもっている。

『大教授学』とすべての人に開放された学校

　コメニウスの思想の特質は，人間が生きる意味は来世にあるとする彼岸主義にある。われわれがこの世に存在するのは，胎児が誕生後の生活にそなえて胎内で十分な成長をとげるように，来世でよく生きるための準備を地上でおこなっているからである。人間は，調和的に連関している基本的な知識を学ぶことにより徳を深めることができる。その徳はやがて信仰に向かい，人間を神の似姿としての存在に高める働きをする。したがって学ぶことは，神の似姿として

の理性的存在となることを意味し，また理性的な存在としての人間は世界の平和と調和を実現することにもつながっている。

『大教授学』のサブ・タイトルは「すべてのひとに，すべての事を教える，普遍妥当の技術を示す書」とある。これは，コメニウスのねらいがすべての民衆が就学する普通教育制度の確立にあり，そこで教えられる教育内容とそれを学習させるための教育方法の提示が意図されていることを示している。その全篇は33章から構成され，その主要な柱は教育目的ならびに教育内容論，学校教育論，教育方法の理論，学校制度論などからなっている。とくに教育方法については，自然の法則性に学びながら，的確に，楽に，着実に，そして楽しく学習する方法が提示されている。このような体系的論述の著作は，教育の歴史上最初のものであり，コメニウスは教育学の祖と呼ばれることになる。コメニウスは，また世界最初の絵入りの言語入門教科書『世界図絵』(1658)を著した。それは，感覚的具体的事物から出発して抽象的概念へという原理にもとづいている。

参考文献
H. I. マルー『古代教育文化史』(横尾壮英他訳)岩波書店，1985年
ピエール・リシェ『中世における教育・文化』(岩村清太訳)東洋館出版社，1988年
エウジェニオ・ガレン『ヨーロッパの教育』(近藤恒一訳)サイマル出版会，1974年
石山脩平『西洋古代中世教育史』有斐閣，1961年
コメニウス『大教授学 1・2』(鈴木秀勇訳)明治図書，1962年

第2章 公教育制度の成立と近代教育思想の展開

1 イギリス公教育制度の成立と教育思想(オーエン)

上層階級の子弟のための学校──パブリックスクールとグラマースクール

　内外に名を知られたイギリスの名門校に，ウインチェスター校(1382年～)，イートン校(1400年頃～)，ラグビー校(1567年～)，ハロー校(1571年～)などのパブリックスクールがある。これらの学校は，もともと，パブリックスクールという名称が示すように，大衆に広く開かれた学校であることをうたって始まった。しかし，聖職者養成やオックスフォード，ケンブリッジ両大学進学のための予備門的教育機関であったこれらの学校に学んだのは，当初からせいぜい上層中産階級の子弟であり，まもなく貴族や上層階級の子弟のための特権的な教育機関という性格を強めていった。

　このような学校の多くは，ジェントリーや富裕市民層による土地財産の寄進を基にした財団立学校として設立された。教育内容の中心は，当時の上層階級の子弟が政治，法曹，医療，貿易などに従事するのに不可欠であったラテン語の習得や人文学的教養であり，そのためグラマースクール(ラテン文法学校)とも称した。16～17世紀にかけて，新興中産階級の成長とともに，このような財団立グラマースクールは急増した(ラグビー校やハロー校は，その例である)が，一方で，その古典語教養教育偏重に対する批判もすでにみられた。具体的には，母国語である英語教育を重視すべきだとする主張や，『学問の進歩』

(1605)を著したベーコン(F. Bacan 1561-1626)のように，言語よりも事物に関する知識（自然科学的知識）の学習をもっと取り入れるべきだとする考え方であった。

18世紀から19世紀にかけて，基本財産の基盤が弱い学校は廃校に追い込まれたり，他の文法学校の予備校的存在として吸収されるなど，パブリックスクール間の淘汰がみられた。この背景には，産業革命の進行によって，新興中産階級の実際的・実学的な知識や技術に対する要求がいっそう強まったことがある。パブリックスクールのカリキュラム近代化があまりすすまないことに不満を抱いた新興中産階級のなかには，ロンドンやグラスゴーなどの工業都市に自然科学教育を施す職工講習所（メカニックス・インスティチュート）を開設したり，それらに子弟を学ばせたりするものが現れた。

こうしたなかで，一部のパブリックスクールが「グレートパブリックスクール」として，その特権的な地位を確立していく。19世紀前半にアーノルド校長のもとで改革に成功したラグビー校などだが，それらは実学的・実際的知識や技術が求められるようになっていく風潮のなか，むしろ旧来の伝統的教養教育や訓育を強調しつづけることで，ごく限られたエリートのための教育機関という性格を維持・強化するのに成功した学校であった。これらのパブリックスクールは，現在も公教育制度の枠外に位置する独立した学校として存続している。現在，その数はおよそ200校とされる。

1902年の教育法により，地方教育当局が公立のグラマースクールを設置することができるようになった。財団立のものに加えて，このようにして設置されたグラマースクールは，第2次世界大戦後もいわゆる中等教育機関の三分岐制のなかで，その古典語教養教育中心のカリキュラムとともに，中等教育のモデルとして生き残った。しかし，その後の中等教育機関のコンプリヘンシブスクールへの再編運動のなかで激減し，現在では，グラマースクールに学ぶ生徒は全体の5％程度といわれる。

知識は貧民にとって有害である──マンデヴィルの『蜜蜂の寓話』

　中産階級以上のための教育機関とは別に，封建制が解体し，市民社会が成立していく過程で生まれた浮浪人や貧民を対象とする教育の必要性も早くから認識されていた。たとえば，エドワード6世は，街にあふれる孤児や貧しい子どもたちを解散した修道院に収容させ，簡単な手仕事と読み書き，宗教教育をほどこさせたとされる(1552年)。このような下層社会の子どもたちを対象とした教育は，救貧・治安維持対策という側面を強くもっていた。

　また，宗教教育を基礎にした，下層・貧民層の子どもたちに対する慈善教育も発展した。1698年に設立されたキリスト教知識普及協会は，多くの慈善学校を設置して，国教派信仰の普及と社会秩序の安定を目的とする教育を推進した。読み書きと教理問答（カテキズム）の教育が中心であり，職業準備教育もおこなっていた。同協会の慈善学校は，18世紀の半ば頃には，2000校を数えるようになり，5万人以上の子どもを収容していた。

　このような教育は，当時の支配者層が社会的・道徳的秩序の安定をはかるために，下層・貧民層を対象に与えたものであった。しかし，下層・貧民層に教育を与えすぎると，あくせくと働くことを忌避するようになり，かえって有害であるという考え方も，支配者層のあいだに根強く存在した。マンデヴィル(Mandeville 1670頃-1733)の『蜜蜂の寓話』(1714)は，貧民教育を危険視する，このような考え方をよく示す典型であった。アダム・スミス，マルサス，ベンサムら市民社会の思想家たちは，貧民を対象にした公費強制（義務）教育の必要性を強く主張したが，その眼目はやはり治安維持のための道徳教育におかれていた。

効率的で画一的な教育方法の普及──モニトリアルシステム

　産業革命が進展し，かつてのマニュファクチュア段階の熟練労働者に機械が取って代わるようになると，工場で働く非熟練労働者には，生産性向上につながる知識や技術以上に，勤勉な態度，規律や権威への従順さ（工場労働に適し

た生活態度や習慣)が求められるようになった。そのための教育として、ますます、宗教教育や道徳教育の役割が強調されるようになる。19世紀には、内外学校協会(ランカスター協会、非国教派)と貧民教育のための国民協会(国教派)が競合しつつ、このような教育の担い手として、その普及に大いに貢献した。また、1780年頃に、グロスターで始まったとされる日曜学校も、19世紀後半には500万人を超える子どもたちを対象に、宗教教育を中心とする教育をおこなっていた。

　この2つの協会に属する学校では、モニトリアルシステムといわれる教育方法が採用されていた。これは、一人の教師が教えたことを、年長の子ども＝モニター(助教)が担当する子どもたちに対して反復して教え込むというもので、大量の子どもたちを対象に効率的に3R's(読み・書き・算)を教育することを可能にしたものであった。創始者であるベルとランカスターの名から、ベル・ランカスター方式とも呼ばれた。モニトリアルシステムは、当時の工場生産の論理を反映して、効率・能率本位の画一的生徒管理と個人・集団間の競争原理を教育に持ち込むものであった。

　モニトリアルシステムは広く国外にも影響を与えたが、19世紀半ば以降は、ペスタロッチ主義の教育方法が導入され、やがて教員見習生制度に取って代わられるようになった。その理由の一つには、労働者・大衆の教育において中心的なものとされていた宗教教育や道徳教育に、効率本位のこの方式が不適切であったことがあげられる。しかし、安価で効率的に3R'sの教育をおこなうという基本的な考え方は、19世紀後半に徐々に形成されつつあった公教育制度に確実に取り入れられていった。

労働者の権利としての自己教育——チャーチスト運動と公教育思想

　社会の支配者層は、パブリックスクール、グラマースクールの教育を自らの特権的なものとする一方で、貧民・労働者には、宗教・道徳教育を中心とするもっぱら治安維持のための教育を与えようとしてきた。このような性格をもつ

慈善教育や公費強制（義務）教育に対して，19世紀には，産業革命の進展のなかで階級的自覚を高めた労働者階級がみずから，より豊かな教育を要求しはじめた。チャーチスト運動は，そのような労働者の自己教育思想の発展と大いに関係がある。

はじめ，ゴッドウインやコベットといった，チャーチスト運動の指導者たちは大衆に強制される公費教育を否定していた。これは，人間の精神，知性，徳性の自由な発展のためには，権力的に強制される教育，とりわけ宗教教育は有害であるという理由によるものであった。しかし，これは教育そのものの否定ではなく，むしろ，人間を鋳型にはめこむ教育ではない，教育による人間の発達可能性への深い信頼から生み出されたものであった。この教育観は，ラベットにおいては，人間の尊厳を高め，幸福を増進するための自己教育の思想に高められ，教育を権利とし，権利実現のために教育機会を保障する義務を政府に対して要求する公教育思想につながっていったのである。

このようなラベットによる公教育思想，権利としての教育という考え方の発展に先んじて，オーエン（R. Owen 1771-1858）は，すべての人間は教育と環境によって，幸福になることができるとする理想を実現するための実践を，自ら経営するニューラナークの紡績工場でおこなった。オーエンは，工場内に性格形成学院と呼ばれる，幼児教育と初等教育のための機関を開設し，工場労働者の子どもすべてに無償で開放した（1816年）。その教育方針は，お互いの幸福を実現するための共同生活の習慣を形成すること，身近な事物に即した科学的知識や推理力の獲得であった。

オーエンの性格形成学院は，共同出資者らの理解不足もあり，それ自体としては成功を収めることができなかった。しかし，環境の改善による人間の知的，道徳的成長と発達の可能性，それがやがて社会の改良へとつながるという彼の人道主義的教育思想は，これ以降，権利としての教育という考え方とともに，20世紀の労働運動などに受け継がれ，「すべての者に中等教育を」の思想による教育の改造に影響を及ぼした。

また，19世紀には教育の質的・量的な発展を背景に，チャーチスト運動とのかかわり以外にも，体系的な教育思想や理論が登場した。ジョン・スチュアート・ミル(J. S. Mill 1806-73)は，父ジェームズ・ミルの教育論を引き継ぎつつ，人道主義的功利主義と連想心理学の立場から，社会進歩の基礎としての人間の諸能力の調和的発達の必要を説いた。そして，そのために宗派教育を排除した公費強制教育(義務教育)を提唱した。また，スペンサー(H. Spencer 1820-1903)は，社会的ダーウィニズムの立場から，『教育論』(1861)を著し，教育の目的を「完全な生活に対して人間を準備すること」として，古典教養教育に対する実学的教育の重要性を主張した。

健全で安価な公教育制度の誕生──改正教育令と1870年教育法

19世紀に産業資本主義の確立期を迎えたイギリスでは，労働者大衆の子どもたちを対象とする教育を慈善的・自発的(ボランタリー)なものだけにとどめず，国家が介入して公費による教育をおこなうべきだとする考え方が，次第に強まっていった。これは，基本的には，労働者としての生産性を高めるという観点から最低限必要な知識や技術を教えるべきだとしたり，治安維持のための宗教教育や道徳教育をこそ徹底すべきだとする教育観にもとづくものであった。したがって，オーエンのように，労働者・貧民層の教育を通じての幸福獲得と人間解放を訴える教育思想とも，上層階級子弟のための古典語を中心とした教養教育の考え方とも違うものだった。

大衆教育に対する国家の干渉強化は，はじめ工場法(1802年のものが最初)によって，年少の子どもたちの雇用を禁止したり，やや年長の子どもたちの部分的(パートタイム)な就学の強制という形で現れたが，これは，就学の時間的側面のみ規定するにとどまっていた。大衆教育の標準的内容をはじめて示したのは，1862年の改正教育令である。すでに，1833年には，内外学校協会と貧民教育のための国民協会を通じて，私立学校に対する補助金交付が開始され，伝統的なボランタリズム＝不干渉の原則に修正が加えられはじめていた。改正

教育令は，3R's(読み・書き・算)のスタンダードを定め，それにもとづく子どもたちの試験の結果や出席状況によって，学校に対する国庫補助金額を決定するという，悪名高い出来高払い制度を導入したのである。

　改正教育令の意図は，まず国庫補助金交付の効率化ということにあった。そして，労働者階級への知識の与え過ぎはかえって有害であり，国家は大衆にとって「道徳の教師」たるべきだとする教育観にもとづく，公教育制度の基礎を形づくった。この基礎をさらに全国的制度として確立したのが，1870年の教育法(法案提出者の名前をとって，フォスター法とも呼ばれる)である。同法は，全国を学区に区分して，既存の教会立学校や私立学校などでは不足する学区に公選制の学務委員会を設け，これに基礎学校を設置させること，この委員会立学校では特定宗派のための宗教教育をおこなわないこと，5〜13歳の子どもの就学を強制できるようにすることなどを定めた。

　このようにして確立されたイギリスの公教育制度は，強制就学(義務教育)や非宗派教育の要素を盛り込んでおり，1869年に設立され，非宗派の世俗教育や教育の義務・無償制を主張していた全国教育連盟や労働者階級の教育要求に応える側面も有していた。しかし，教育をすべての人間が発達するための権利としてとらえる理念の実現にはまだ程遠いものだった。この段階では，基礎学校の教育はほぼ3R'sと道徳的教化に限定されていたし，何よりも，上層階級の子弟を対象とした中高等教育からは，まったく切り離された教育であった。労働者階級の教育要求がさらに高まり，基礎教育が中高等教育に接続する初等教育として改編されるのは，第2次世界大戦後の教育改革まで待たなくてはならなかった。

参考文献
井野瀬久美恵『子どもたちの大英帝国』中公新書，1992年
堀尾輝久『現代教育の思想と構造』岩波書店，同時代ライブラリー，1992年

2 フランス公教育制度の成立と教育思想（ルソー，コンドルセ）

革命前夜のフランス社会

　革命が始まった 18 世紀末のフランス社会は，今日のような学校教育が広範に普及している社会ではなかった。学校はもちろん存在したが，主として貴族やブルジョワなど上層階級の子弟のためのものであった。民衆に開かれた教育機関として読み書き計算を教える寺子屋のようなものは存在したが，その普及率も高くはなかった。

　したがって，18 世紀のフランスでは，子どもの主たる社会化は学校以外の場所でおこなわれており，農家の場合ならば，他の家に見習い奉公に出ることによって，職人の場合ならば親方の家に徒弟奉公に出ることによって，子どもは必要な知識と技能を身につけていた。フランス革命前夜の社会は，いわば「学校化」されざる社会だったのである。

　このような社会に対して，ひとつの一貫したシステムとして教育計画を練り上げ，適用しようと考える人びとが現れてくる。ここでは，そうした人びとのなかでも，革命前夜に活躍し，革命期の公教育論にも影響を与えたルソーと，革命期の公教育計画において重要な役割を果たしたコンドルセに焦点をあてて，革命期の公教育の成立過程をたどることとしたい。

フランス革命と「人間の再生」

　18 世紀末という時点において，公教育は，現在のように学校教育を意味するものではなかった。革命の初期，成立した憲法制定国民議会（1789～91 年）は，早くから公教育の必要を論じていたが，この時期に議会が論じていた公教育の方法は，「祭典」をはじめとして「劇場」「図書館」「博物館」「記念建造物」などきわめて多様であって，「学校」はあくまでもこうした多様な公教育の手段のひとつにすぎなかった。当時の公教育は，社会のさまざまな場所や機会を通

じて人びとに教育的働きかけをおこなっていく方向をめざしていたのである。
　革命期においては，成立した新しい社会の諸原理をすみやかに人びとに伝えていくこと，革命により成立した新しい法と社会にふさわしく人間を再生していくことが重視され，そのために多様な教育の方法が模索された。なかでも当時公教育の方法として最も有効なものと考えられたのは「祭典」であった。1790年の春頃から始まった各地の「地方連盟祭」の隆盛は，7月14日のパリの「全国連盟祭」の成功を頂点として，「祭典」という教育手段の有効性を人びとに印象づけることとなる。なぜなら，「祭典」は，象徴的に，そして空間的に新しい国家の特徴を具現するものとして，国民に教える国家についての知識であり情報であって，「感性的存在としての人間」にたいして「目に見えない祖国」を感性的につかみとらせるための装置として有効であったからである。

祭典のユートピア
　このように革命期において祭典の教育的利用が議論され，実現されるなかで，くり返し言及されたのはルソーの思想であった。というのも，フランス革命に先立つ18世紀半ばの社会において，公教育を論じた思想家は数多く存在したが，とりわけ，祭りが社会において果たす機能，教育としての祭典の有効性を理論的に裏づけようとしていたのがルソーであったからである。
　『ダランベールへの手紙』において展開される祭りのユートピアは，革命期の祭典論議のなかでくり返し引用された。「それゆえ共和国には，どんなスペクタクルもあってはならないと言うのでしょうか。いいえむしろたくさんのものが必要なのです。それらが生まれたのは共和国においてであり，それらが祭典の真の姿で光輝くさまがみられるのも，共和国の胸の中なのです。……幸福な国民たちが集い，その幸福の甘美な感情に身を委ねるのは，大気の中，大空の下なのです。……広場のまん中に花で飾った一本の棒を立ててそこに人々を集めてごらんなさい。そこに祭りが生まれるでしょう。」(Rousseau, *Lettre à d'Alembert*, Paris, 1967, pp. 232-234.)

さらに、『ポーランドの統治とその改革に関する考察』において、公共の祭典や儀式は、教育体系の主軸として位置づけられていた。ルソーによれば、古代の立法者たちは、「市民たちを祖国と同胞に結び付ける絆を求めて、それを固有の慣習の中に見いだしたのである。すなわち、……集まった市民たちを大いにひきつける遊びの中に、その活力と力によって人々の誇りと自尊心を高める競技の中に、彼らの祖先や不幸や徳や勝利の数々を思い起こさせ、彼らの心を刺激し、生き生きとした感情に火をつけ、絶えず心を満たすこの祖国へと彼らを強く結び付ける、多くのスペクタクルの中に。」(Rousseau, Œuvres complètes, Pléiade, t. III, p. 958.)

ルソーが夢見ていた公教育として挙行される祭典は、革命の全期間を通して、さまざまに言及され、具体化されていくこととなる。たとえばタレイランの公教育案では「祭典」は「人々に道徳を刻みつける手段」ととらえられていた。またミラボーの公教育案は、全四部から構成されているが、その第二部全体が祭典論にあてられている。そこでは「祭典」は「立法機関が他の何よりも配慮しなければならないもの」とされ、「感性的存在としての人間」という観点から、「人々に法を愛させる」ための「祭典」の重要性が説かれている (Mirabeau, Travail sur l'éducation, Paris, 1791)。

1791年に憲法委員会が憲法制定国民議会に提出した『公教育に関する報告』(タレイラン報告)は、それまでの公教育のさまざきな試みをふまえて、「学校」とならんで「祭典」を公教育の重要な手段として位置づけた。この報告は、公教育が「学校」「祭典」「図書館」「見せ物」といった広大な領域に及ぶ必要があることを、次のように説明してくれている。

「教育の内容に包摂されないものがあるだろうか。技術のもっとも基礎的な原理から、公的権利や道徳についてのもっとも高尚な原理にいたるまで、子どもの遊びから、演劇の上演や祭典にいたるまで、これらの魂に働きかけて、有益あるいは有害な印象を魂に生じさせ刻みつけることのできるすべてのものが、本質的に教育の領分なのである。」

革命期において，このように多様な手段と広大な領域を有する公教育が志向されたのは，公教育が，「子ども」だけではなく「大人」も含めた「あらゆる年齢，あらゆる身分の人々」を対象とするものと考えられていたからであった。

「教育はすべての年齢段階のために存在すべきであるから，若い人々のための施設にもっぱら意を用いるということがあってはならない。あらゆる年齢の人々，あらゆる身分の人々，またさまざまな生活環境にある人々のために，教育と幸福の豊かな源泉となるであろう別のさまざまな教育施設を，創設し組織しなければならないのである」(Talleyrand, *Rapport sur l'instruction publique*…, Paris, 1791)。

このような議論をふまえて，憲法制定国民議会によって1791年に採択された憲法には，「憲法によって保障される基本規定」のなかに，次の2つの教育条項が位置づけられることとなった。

「第9条 すべての市民に共通で，教育のうちすべての人間に不可欠な部分については無償の，公教育が創設され，組織される。その施設は，王国の区分と結合した形で段階的に配置される。」

「第10条 フランス革命の記憶を保存し，市民の間の友愛を維持し，市民を憲法，祖国，および法律に結び付けるために国民祭典が創設される。」

あらゆる年齢段階のための公教育

公教育が，「子ども」だけではなく「大人」も含めた「あらゆる年齢段階にわたって行われるべきである」という考えは，同時期に執筆されたコンドルセの公教育論のなかでも強調されていた。コンドルセの『公教育に関する五つの覚え書』が書かれたのは，ちょうど革命により成立した憲法制定国民議会において公教育をめぐる議論，報告がなされはじめた時期だった。

すでに採択されていた人権宣言と，まもなく制定される憲法について「もし多くの人々がそこに定められた権利を享受できなければ，権利の平等は有名無実にすぎなくなる」とコンドルセは危惧した。「人々に権利を知ってそれを行

使する手段を与え」てくれ，「社会に有用な知識の総量を増す」ことを可能にする公教育によってこそ，法によって認められた政治的平等は現実のものとなる。コンドルセにとっての公教育は，のちの義務教育が意味するような市民にとっての義務としての教育ではなく，「市民に対して社会が負っている義務」とされたのである。「教育は，みずからが形成した人々をその状態に保ち，さらに完成しなければならないし，またそうした人々を啓蒙し，過ちから守り，再び無知な状態に転落することのないようにしなければならない」。

「一生を通じて行わなければならない種類の教育」が必要だというコンドルセの認識は，タレイラン報告のみでなく，革命期の多くの公教育論に共有された思想であり，92年に本格化する議会での公教育論議においても議論の焦点となっていった。

そしてこのような認識は，92年にコンドルセが立法議会(1791年10月〜92年9月)に提出した『公教育の一般組織に関する報告と法案』のなかにもはっきりと表されている。立法議会の議員となったコンドルセは，公教育委員会の委員に任命され，1792年4月に『公教育の一般組織に関する報告と法案』を議会に提出した。

『公教育の一般組織に関する報告と法案』では，教育は五階梯に区分されているが，そのうち最初の三階梯，すなわち，「初等学校」「中等学校」「アンスチチュ」が『五つの覚え書』での「共通の教育」部分に相当する。これらの名称だけ見れば私たちはそこに子どもの年齢段階に応じた教育施設を思い浮かべてしまうが，実はコンドルセがさきに『五つの覚え書』で主張していたとおり，これらの施設はそれぞれ，子どもの教育と，大人の教育の両方をおこなうことになっているのである。たとえば，「初等学校」は，子どもを対象として四学年にわたり読み書き計算と「国民に必要な知識」を教えるだけではなく，「あらゆる年齢の市民」を対象として「日曜日毎に公開講義」を開き，道徳の原理，憲法，法律，文化芸術の知識を教える。「中等学校」もまた，子どもの教育をおこなうと同時に，「毎週，すべての市民を対象とする講義」をおこなう。さ

らに,「中等学校」に設けられる「小図書館」や「気象観測装置, 機械や織機の模型, 博物標本などの陳列室」は「大人にとって, 新しい教育手段となる」ものだった。そして, これらの施設でおこなわれる毎週の公開講義はコンドルセにとっては「微力な教育手段とみなされてはならない」ものであった。

「初等学校」「中等学校」についての叙述の半分近くをさいてコンドルセが説明しているのは, これらの「大人」を対象とする教育なのである。つまり, ここで考えられている教育施設は, いわゆる現在の「学校」と異なって, 子どものための閉ざされた空間ではなく, 大人に対しても子どもに対するのと同じだけの重要性をもって開かれた施設だったのである。

さらに重要なことは, 子どもと同等に大人を重視する公教育論が, 子どもと大人の両方を対象として「学校」という施設の運用を考えるだけでなく,「学校」以外のさまざまな教育の方法を重視し採用していった点である。『五つの覚え書』のなかで, コンドルセは,「図書館」「博物館」「植物園」「美術館」といった, 私たちにも幾分かは公教育の施設として理解できるものをあげるだけでなく,「記念建造物」「演劇」「祭典」という現代の公教育のカテゴリーからは想像しがたいものを「重要な公教育の方法」として論じている。実は,「植物園」「博物館」「図書館」「記念建造物」などは, 90年頃から議会でも公教育の問題として登場していたし, 先に見たタレイランの公教育案においても「図書館」「演劇」「祭典」が教育の手段として重要視されていた。それゆえ, 公教育を論じるということは,「学校」だけを論じることではなく, こうした「祭典」をはじめとするさまざまな教育の方法を論じることだった。

すなわち, この時期の公教育は, 社会空間のいたるところに公教育の小舞台を設けていくのであり, あらゆる機会にあらゆる人びとをとらえようとつとめていたのである。そこで公教育がめざしていたのは, いわば社会全体を教育の場とする方向であって, それは, ここでの公教育が「あらゆる年齢, あらゆる階層の人々」を対象とするがゆえにほかならなかった。(しかしながら, コンドルセの公教育論における「祭典」の位置づけに, 他の公教育論での「祭典」

論との差異がみられないわけではない。実はコンドルセが,おそらく「祭典」の熱狂に対して最も憂慮を示していた人物のひとりであったこと,そしてその憂慮は革命の過程のなかで強まっていったものであったことに,注意を喚起しておく必要がある。)

　これらのテクストに表明されているコンドルセの公教育についての思想は,彼の理想とする社会のあり方と深くかかわっていた。『地方議会の構成と機能にかんする試論』のなかで,コンドルセは,代表制,すなわち「市民自身によって選ばれた市民の代表者」によって構成される議会制度を支持するにあたって,代表体によってなされる決定が高い確率で真実であるという保証は,選挙人の大多数が,少なくとも理性的に有能なエリートのなかから代表を選出するのに十分な程度に啓蒙されている社会において達成される,と考えていた。そこで,コンドルセの理想とするような社会の実現にとっては,啓蒙された人びとをつくりだす教育が不可欠のものとなってくる。

　「民衆には選挙権が与えられた。……しかし民衆の判断は,堕落によって,鈍ってしまうことがあるだろう。……もっとも,堕落の及ぼす力は,無知に立脚してはいないだろうか。ひとたび民衆の理性が形成されて,民衆を誤らせるために雇われたぺてん師から民衆を守ることができるようになれば,堕落は実際に何をできようか。」コンドルセは「第一覚え書　公教育の本質と目的」の結論においてこのように述べて,教育によって,「民衆が理性の声と堕落の声を識別できるようになること」の重要性を主張した。公教育によってこそ,個人は,自由かつ平等な自然権の行使が可能となるとコンドルセは考えたのである(Condorcet, Œuvres complètes, t. VII, Paris, 1847, pp. 227-228)。

国民教育舎というユートピア

　1792年8月10日の革命により,王権が停止され,国民公会が成立したが,公教育論議が本格化したのは,12月になってからであった。しかし,93年に入って,7月3日,国民公会は,それまで公教育の組織作業に携わってきた公

教育委員会とは別に，公教育法案の作成提出のための6人委員会を任命していた。そして6人委員会を代表して，7月13日に，国民公会で公教育案を読解したのは，ロベスピエールである。その公教育案はルペルチエによって執筆されたものであった。

93年1月にルペルチエが暗殺された後，遺稿として残されていたルペルチエの「国民教育計画」は，それまでに夥しい公教育論が提出されていたにもかかわらず，ロベスピエールを最も魅了したのである。このルペルチエの「国民教育計画」は，92年12月に議会で本格化した公教育論議を受けて執筆されていた。ルペルチエの公教育についてのとらえ方は，次のようなものであった。

「人間を形成すること，知識をひろめること，これらが，我々の解決すべき問題の二つの部門である。前者は教育(éducation)を構成し，後者は知的教育(instruction)を構成する。知的教育(instruction)は，たとえ万人に提供されていようと，平等の性質そのものによって，職業や才能の差異という理由で，社会の成員の少数が排他的に所有することになる。教育(éducation)は，すべての人に共通で，普遍的に恩恵をもたらすものでなければならない。」

そこで，ルペルチエは，コンドルセの報告した公教育委員会による「初等学校」についての案は，不完全であると批判していた。すなわち，委員会の提出した公教育計画の四階梯のうち，第二階梯から第四階梯は「市民(citoyens)の才能を援助する適切で有効な手段」である。しかし，こうした上級階梯の前に必要なのが，「共和国が万人に負っている，万人の必要にみあった，万人のための一般教育(instruction générale pour tous)，すなわち，ひとことでいえば，真の，そして普遍的な国民の教育(éducation nationale)」だからである。

ところが，公教育の第一階梯としてコンドルセが提案する「初等学校」は，次の点でその条件を満たしていない。すなわち，「六歳までの子どもが，立法者の監視(la vigilance du législateur)を逃れていること」，委員会案によれば「ほぼ二つの教区に一校」の割合で設立されるため，学校のおかれない教区の子どもが通学の不便を甘受するという「不平等」，そして「裕福な人々」は，

子どもを働かせることなく学校に通わせられるが,「貧窮な階層」においては,貧しい子どもたちに知的教育(instruction)を提供しても,子どもたちの時間は,パンを得るための労働に縛られている,という子どもの「両親の能力」による「不平等」が存在するからである。

さらに,ルペルチエによれば,コンドルセ案のもっとも重大な欠落は,「身体的人間」と「道徳的人間」の完成,という点にある。なぜなら,「身体的人間」の完成のためには,提案されている「体育訓練」だけでは不十分であり,「一種の継続的な生活,子ども期にふさわしい健康的な栄養,漸進的で適度な訓練,連続して絶えず繰り返される試験,といったもののみが,習慣をつくりだす方法だからであり,身体を発達させ十全な能力を身体に備わらせる効果的な方法」だからである。

また,「道徳的」完成のためには,提案された計画では,「子どもは授業がおわるやいなや,奢侈からの逸楽に,うぬぼれからの思い上がりに,貧困からの粗暴さに,怠惰からの無規律に,すぐさま身をまかせてしまう」という。

これでは,「人間(homme)を,市民(citoyen)を,共和国人(républicain)を,真に形成するであろうか。言い換えれば,国民(Nation)は,再生されるだろうか?」というのが,ルペルチエの最も憂慮するところであった。

そこで,彼が提案したのが,あの有名な「公教育の施設(l'établissement de l'institution publique)」〔法案条文では国民教育舎(la maison d'éducation nationale)〕である。いわゆる現代のような「学校」ではなく,半ば寄宿舎のようなこの施設において,「すべての子どもは共通に,差別なく,また例外なく,共和国の費用により,同じ着物,同じ栄養,同じ知的教育(instruction),同じ配慮を受けて,平等という聖なる法のもとに,育てられる」といういわばこの学校が来るべき社会のモデルとなる「学校のユートピア」論であった。

すなわち,この「公教育の施設」においてこそ,「人間(homme)を,市民(citoyen)を,共和国人(républicain)を,真に形成する」ことができ,「国民(Nation)は,再生される」というわけである。

「公教育の施設」=「国民教育舎」のなかで,生徒は「どんな職業の市民にも有用な知識」を身につけるとともに,「共和主義の鋳型」にはめこまれることによって,「共和国を構成すべき基礎の一部(une des portions élémentaires destinées à composer la république)となるための準備,全面的な変容」をうけるのである。

「国民教育(éducation nationale)なくしては,子どもの習俗と私が呼ぶもの,そして,この計画によってやがては国民の習俗(moeurs nationales)となっていくものを形成するのを諦めねばならないだろう。」(Le Peletier de Saint-Fargeau, *Plan d'éducation nationale,* Paris, 1792)

ルペルチエ案は,熱狂とともに,激しい反対も引き起こした。批判は,国民教育舎での教育を義務的なものとした点,「親の神聖な権利」を侵害する点に集中した。結局,ルペルチエ案に基づく公教育は,実現されることはなかった。

革命後,九一年憲法体制によって成立した公教育とは,社会空間全体を教育の場とすることをめざすものであって,そこでは,学校だけではなく,見世物,演劇,記念建造物など,いたるところに教育の小舞台を設け,人びとの精神に恒常的に働きかけることが理想とされていた。それは,当時の公教育が子どもだけではなくあらゆる世代のあらゆる人びとを対象としたからでもあった。しかし,このような,いわば「祭典のユートピア」としての公教育は,他方で,すべてを監視のまなざしのもとにおき,人びとを内面から法への服従へと導こうとするものでもあった。すなわち,社会のあらゆる場,あらゆる機会を通じて,すべての人間にたえまないペダゴジーを作用させつづけることが意図されていたのである。

これに対して,学校に重点をおく公教育は,ペダゴジーのいっそう緻密な作用を可能にするための空間として構想されてくる。しかもそこでは,〈子ども期〉という年齢段階の組織化が問題となってきていた。子どもの身体ならびに時間の入念な掌握,子どもの行動の監視によってペダゴジーがいっそう緻密に

作用する空間として，ルペルチエの「国民教育舎」は提唱された。つまり，まさに〈子ども期〉という年齢段階のための環境として，家族を構成する諸要素や諸関係に代えての「国民教育舎」という施設のなかで，子どもを把握し，この時期からフランス国民，市民社会の成員としての正しい習慣の訓練をおこなわなければ，良き市民を形成することは不可能だと見なされるのである。家族や共同体空間に対する深い不信を表明し，そこから子どもを隔離しようとするルペルチエは，人間における形成された習慣の変えがたさを強調するが，逆にまたこの習慣の変えがたさを利用することが「国民教育舎」の利点ともなるのである。つまりこのミクロ・コスモスとしての「学校のユートピア」がいったん成功すれば，それは社会の幸福を保証するというわけである。かくして学校空間は，国家によって創出され監視されるもうひとつの社会のモデルそのものとなったのである。

　こうして，学校教育制度としての公教育が成立してくることになる萌芽を，われわれは公教育論議における「学校のユートピア」論の出現に見いだすことができる。しかし，フランス革命期において，現実には「祭典のユートピア」は存在しつづけた。社会空間全体を公教育の場とする「祭典のユートピア」から，公教育を学校に重点化する「学校のユートピアへ」と，公教育のあり方が完全に転換していくには，19世紀を待たねばならなかった。革命期においてすみやかに「祭典のユートピア」から「学校のユートピア」への転換が成立しえないところには，革命期のかかえる，そして18世紀のかかえる公教育の問題が凝縮されていたのである。

参考文献
田中正人・谷川稔・渡辺和行ほか『規範としての文化——文化統合の近代史』平凡社，1990年
ブラニスラフ・バチコ『革命とユートピア』（森田伸子訳）新曜社，1990年

③　ドイツ公教育制度の成立と教育思想(ペスタロッチ)

　プロイセン王国は人口，国土ともにドイツ国家の60％を占めている。その他の領邦国家はあらゆる点でプロイセン王国に追随している。したがってここでは19世紀後半，公教育制度の成立までプロイセン王国を中心にみていくことにする。

　1701年プロイセン王国は創建されるが，この国は後進国であったため歴代国王は民衆教育に熱心であった。その施策は18世紀前半にもいくつかあるが，公教育制度成立の発端は1763年の「全国ルター派農村学事通則」とみるのが妥当であろう。そして，そのほぼ完全な成立は19世紀後半とみてよい。その成立までの施策は，プロイセン王国の王権の利害に左右されていた。

全国ルター派農村学事通則
　この通則は，フリードリッヒ大王(在位1740-86)の絶対主義の軍事的，経済的動機から発せられたとみられる。軍事的動機とは民衆学校によって「読み書きのできる下士官」をつくろうとしたからである。彼が3度にわたるシュレジエン戦争で苦戦したのは，「読み書きのできる下士官」が極度に不足していたからである。そこで戦争終結をまたず，戦場から民衆学校の創設を命じたのである。経済的動機とは，民衆学校によって王領地に養蚕業の普及を意図していたからである。通則第14条は，王領地に任命される教師にはベルリンの教員養成所で養蚕術の修得を命じているのである。

　この通則による民衆学校の特色は以下のとおりである。
　①　標準的な民衆学校は，ルター派という宗派別による単級学校(異年齢児に複式授業)である。
　②　学齢は5,6歳から13,14歳まで。13,14歳での離学には「キリスト教の必須事項，十分な読み書き，宗務局が制定または認定した教科書への十分

な応答」が求められた。この読み書きの教科書，宗務局制定，認可の教科書は聖書，教理問答書，祈祷例題などすべて宗教教材である。したがって民衆学校の教育は徹頭徹尾ルター派の教義を注入する宗教学校である。

③ 授業は午前，午後各3時間，授業料は読み方に入るまで週6ペニッヒ，読み方9ペニッヒ，書き方と計算は9ペニッヒであった。

この通則に続いて1765年「シュレジエン・カトリック派学事通則」，1782年「クレーヴェ・カルビン派学事通則」が公布されていく。プロイセン・ドイツの公教育制度の発端は，各地方別，各宗派別に手がつけられていくのである。

ジューフェルン教育法案

1806年イエナで，プロイセン・ドイツはナポレオンに敗れた。国家再建のためシュタイン・ハルデンベルク改革(1807～10年)がおこなわれた。その一環として教育改革がおこなわれ，国民教育制度を確立しようとした。

1809年新設された内務省宗教・公教育局の局長兼公教育部長にフンボルト(W.v. Humboldt 1767-1835)，宗教部長に熱烈なペスタロッチ主義者ニコロヴィウス，公教育部参事官に同じペスタロッチ主義者ジューフェルンが任命された。国民教育制度確立に向けての強力な陣容が整ったといえる。

1807年フィヒテ(J. G. Fichte 1762-1814)は，「ドイツ国民に告ぐ」の連続講演でペスタロッチ主義の国民教育思想を鼓吹した。フンボルトは1810年ベルリン大学を創設し，このフィヒテを初代総長に任命し，国家再建の精神的支柱とした。

フンボルトの国民教育制度の核心は次の2点である。①国家の管理する教育制度をつくる。それは国民すべてに平等教育を保証し，単線型学校制度である。②この学校制度は狭い身分教育や職業教育ではなく，ペスタロッチ主義の人間教育をする。フンボルトは東部諸都市で学校改革に着手した。またスイスのイフェルテンにあるペスタロッチの学校に教師留学生を送り出した。しかしフンボルトの在任は僅か18カ月にすぎなかった。

彼の事業を引き継ぎ国民教育制度の確立に努力したのはジューフェルンである。フンボルトが去って10年，1819年確固たる国民教育の理念をもったジューフェルン教育法案が登場してくる。しかし時代は移った。

1815年ウィーン会議によって国際的反動体制ができあがってきた。1819年カールスバード決議によってドイツの自由主義，国民主義運動は息の根をとめられてしまい，このためジューフェルン教育法案は流産してしまったのである。

ラウマー・シュティール反動3条令

1830年頃より産業革命が始まり，ブルジョアジーの勢力が強まってきた。彼らは憲法制定，民主主義的諸改革を要求しだした。このため1848年パリで2月革命が起こるや，たちまちドイツに飛火して3月革命が起こった。プロイセン王権はあわてて欽定憲法を公布し，立憲君主制に移行した。しかし12月までに革命勢力を鎮圧すると欽定憲法を修正し，1850年改正欽定憲法を公布した。この両憲法はともに7つの教育条項をあげている。この両憲法の教育条項を比較すると，ここでは詳説できないが，改正欽定憲法の方がはるかに反動的になっている。したがって具体的な教育政策が反動化していくのは当然の成り行きである。

1854年宗務相ラウマー，枢密顧問官シュティールによって教育界における3月革命の残滓が片づけられることになる。それがいわゆる「ラウマー・シュティール反動3条令」である。そのうちの一つが「ルター派単級初等学校の組織と教授に関する諸原則」である。この「諸原則」による民衆学校の特色は以下のとおりである。

① 標準的な民衆学校は宗派別の単級学校である。
② ペスタロッチ主義者ディースターヴェークの教育改革運動を排除しようとしている。
　ペスタロッチ主義の「一般的人間陶冶」は「有害なもの」とさえみなしている。

③ 週26時間のうち6時間を宗教教授に割当てている。そこでは聖書，教理問答書，祈祷の言葉，讃美歌などを注入暗記させる，読み方教授でも宗教教材を用いる。
④ 祖国科では，祖国の歴史，地理，自然，法律，制度，愛国唱歌，国王への愛などを教授する。祖国科は，宗教教授とは別のもう一つの保守的イデオロギー教科だといえる。

この「諸原則」による民衆学校は1819年のジューフェルン教育法案を無視し，宗教色濃厚な1763年の「全国ルター派農村学事通則」の水準まで逆行してしまったといえる。

一般諸規定

1862年ビスマルクはプロイセン王国首相になり，鉄血政治を始めた。1871年普仏戦争に勝ち，ドイツ帝国を創建した。プロイセン王国の国王は，ドイツ帝国皇帝になり，その首相はドイツ帝国宰相となった。

首相兼宰相となったビスマルクは，ブルジョアジーの利害に沿って，帝国議会を創設し，国内市場を整備し，政治的経済的統一をなし遂げた。このドイツ帝国には敵対する2つの勢力があった。一つはカトリック派，もう一つは社会主義勢力である。カトリック派を弾圧するため文化闘争を開始し，1872年に「学校監督法」を発した。これによってカトリック派僧侶（およびプロテスタント派僧侶も）を学校監督から排除し，学校監督を俗人のもとにおく可能性を開いた。大きな進歩である。社会主義勢力の弾圧には，1878年「社会主義鎮圧法」を発した。

ビスマルクのブルジョアジーの利害に沿う政策遂行には1854年の「ラウマー・シュティール反動3条令」は桎梏となってきた。そこで1872年5つの学校規定を含む，いわゆる「一般諸規定」を発した。そのなかで公教育制度に関するものは「プロイセン民衆学校の組織，課題，目的に関する一般規定」である。これによる民衆学校の特色は以下のとおりである。

① 従来の「ラウマー・シュティール反動3条令」の標準的な民衆学校は「宗派別の単級学校」だったのに対し，この「一般規定」の標準的な民衆学校は宗派に関係なく単級学校，2教員学校，多級学校の3種類となり，選択の幅が広がった。大きな進歩である。
② 教科目は宗教，ドイツ語，計算，図画，実科(地理，歴史，博物，理科)，唱歌，体操と多様化，近代化してきた。宗教は「反動3条令」の週6時間が4時間減らされ，暗記注入が排除された。
③ 施設，設備，教員の設定規定が厳格にきめられ充実してきた。これにより実科では暗記注入が排除され，直観教授が奨励された。ペスタロッチ主義のディースターヴェーク教育学が復活した。
④ 特定宗派や特定の政治的立場への偏りがなく，宗派的，政治的中立主義になっている。国民国家主義といえよう。

この「一般規定」による民衆学校は制度，内容とも大いに近代化してきたといえる。プロイセン王国において授業料の完全無償は1888年の「民衆学校費用の軽減に関する法律」をまたねばならない。就学義務年限の延長にともなう就学義務の法律は1927年「プロイセン就学義務法」および1938年「共和国就学義務法」（民衆学校8年，職業学校2〜3年，計10〜11年の就学義務の規定）をまたねばならない。しかし民衆学校への就学率は1870年代には90％，1880年代には100％を達成してしまった。したがって1872年のプロイセン民衆学校についての「一般規定」は，全王国的に公教育制度をほぼ完全に確立したといってよいだろう。

J. H. ペスタロッチ

ペスタロッチ(J.H. Pestalozzi 1746-1827)はスイス・チューリッヒで生まれた。青年時代ルソーの影響をうけ愛国的学生運動をし，公職への道を失った。ノイホーフで農業経営，貧民学校経営，シュタンツで孤児院経営，ブルグドルフで学校経営をしたが，いずれも成功したとはいえない。この間に1780年『隠者

の夕暮』，1781年『リーンハルトとゲルトルート』，1801年『ゲルトルート児童教育法』を公刊した。

　彼はすべての人間の平等とその人間性の開発を主張した。人間性は内部から自己活動的，自己発展的にめばえ，外部の家庭的，社会的環境との交互作用（生活陶冶の思想）で成長していくと考えた。この人間性には知的，道徳的，技能的な3つの能力，素質があり，それを調和的に発達（知育，徳育，体育）させるのが教育の役割とみなした。

　知的能力＝認識は能動的，構成的，創造的である。人間は事物を感知（直観）するや事物を本質（数形語）と非本質（色，匂い，重さなど）に分け，まず本質を把握し，漸次非本質を付け加え，構成して認識を完成する。ところで事物の本質とは数形語である。

　これはまた人間の認識の基本的能力でもある。この数形語を系統的に教授（語の場合は発音，単文，言語の順）するのが直観教授である。（道徳の直観教授は母に対する愛，信頼，感謝，従順，技能のそれは打つ，投げるなどの基本的能力を教授する。）これは当時のヨーロッパの初等教育が3R's と教理問答書だけを教えていたのと比較すると画期的に新しい教育内容である。

　ペスタロッチはスイスのイフェルテンで直観教授の模範学校を開いた。ここに世界各地から留学生が集まってきた。1806年イエナ敗戦後，プロイセンではペスタロッチ主義に注目しはじめた。フンボルトは多数の教師留学生を送りこみ，ペスタロッチ主義を普及させていった。そのなかでもっとも著名な人物はC. W. ハルニッシュとF. A. W. ディースターヴェークである。ハルニッシュはブレスラウの師範学校長，ペスタロッチの生活陶冶（生活陶冶派，保守派）を重視した。ディースターヴェークは数形語の教育（悟性教育派，進歩派）を重視した。彼はベルリン選出の国会議員（1858～66年，自由派，1862年より進歩党に所属）になり，ペスタロッチ主義に政治的意味をこめて普及，擁護した。

J. F. ヘルバルト

　ヘルバルト（J.F. Herbart 1776-1841）はオルデンブルグで法律顧問官の息子として生まれ、ラテン語学校時代から秀才の誉れが高く、18歳でイエナ大学に学び、21歳でスイス・ベルンのシュタイガー家の3人の息子の家庭教師になった。この間ペスタロッチをブルグドルフに訪ねている。

　1802年ゲッチンゲン大学講師、1809年カントの後任としてケーニヒベルク大学教授、1833年再びゲッチンゲン大学教授にもどってきた。この間教育学の代表的著作として『世界の美的表現』（1804）、『一般教育学』（1806）、『教育学講義綱要』（1835）を公刊した。

　彼は教育目的は倫理学が、教育方法は心理学が決めるものとした。彼の教育目的は道徳的品性を育成することであり、そのための教育内容は多方興味（一般陶冶）である。多方興味の内容は認識にかかわるものとしては経験的、思弁的、趣味的の3つの興味（今日の言葉でいえば理科、数学、図工など）である。

　共感にかかわるものとしては同情的、社会的、宗教的の3つの共感（社会科、宗教科）である。教育方法＝教授は、明瞭―連合―系統―方法の4段階（前二者は専心、後二者は致思に属する）ですすむものとした。これは彼の心理学である表象心理学―表象の力学にもとづくものである。

　彼の教育思想はツィラー、ラインに継承され、ツィラーは中心統合法、ラインは予備、提示、比較、概括、応用の5段階教授（形式段階説）を考案した。ヘルバルト主義は19世紀後半のドイツの教育界に定着していった。

F. フレーベル

　フレーベル（F.W.A. Fröbel 1782-1852）は、チューリンゲンでルター派の牧師の息子として生まれ、イエナ大学に学んだ。1805年フランクフルト・アム・マインのペスタロッチ主義者グルーナーの勧めで教師になり、1808年ホルツハウゼン家の3人の子どもの家庭教師になった。この3人の子どもと一緒にスイス・イフェルテンの学園に滞在し、ペスタロッチの指導を受けた。ついでベ

ルリンのペスタロッチ主義者プラーマンの学校で教師になったが，1813年解放戦争がおこるやこれに参加した。

1816年兄たちの子どもをあずかり「一般ドイツ教育舎」をおこし，翌年カイルハウに学園を開設，本格的な教育活動を始めた。しかし1824年この学園は危険思想の嫌疑で査察をうけ，衰微してしまった。

1837年チューリンゲンのブランケンブルグで幼児教育施設をつくり，1839年保育者養成施設をかねた「遊戯・作業園」を開設した。翌1840年両者を合併して「一般ドイツ幼稚園」と命名した。世界最初の幼稚園の誕生である。しかしこれも1851年プロイセン当局によって社会主義運動を疑われ，「幼稚園禁止令」(解除は1860年)を出され廃園になってしまった。1852年禁止令の解除をまたず死んだ。1825年主著『人間教育』，1844年幼児教育の手引き書『母の歌と愛撫の歌』を刊行し，教育用具(恩物)を考案した。

彼は万有神論にもとづき，すべての人には神性が宿り，それゆえに人は活動的，創造的であるとみた。そのために乳児は四肢を動かし，幼児は遊戯をするのである。教育はこの活動，創造への衝動を刺激し，この活動の発現のうちに神性を認識させるのである。この活動が意図的計画的にすすめられるならば，それはひとまとまりの作業にまで高まっていく。この作業を集団でおこなえば子どもは社会性を養い，有機的社会的存在となり，神の似姿に近づいていくのである。

彼の教育思想は19世紀後半ドイツの幼稚園教育を導き，アメリカの新教育運動にまで，たとえばJ. デューイにまで，影響を及ぼしていった。

参考文献
梅根悟　『近代国家と民衆教育』　誠文堂新光社，1967年
長尾十三二　『西洋教育史』　東京大学出版会，1978年

4 アメリカ公教育制度の成立と教育思想(H. マン)

学校系統のヨーロッパ型とアメリカ型

　戦前の教育学者阿部重孝は，20世紀初頭の学校系統をヨーロッパ型とアメリカ型という2つに分類した(阿部重孝『教育制度論・教育財政論』(阿部重孝著作集第五巻)日本図書センター，1983年，389-396頁など)。今日では一般に，前者を複線型，後者を単線型と呼んでいる。ヨーロッパ型では，庶民を対象とする初等学校とエリートを対象とする中等学校および大学とが，相互の連絡なしに併存しており，一般庶民は初等学校を修了しても，ほとんどの場合中等学校へは進学できず，そのまま職業に就いた。たとえば，イギリスでは，基礎学校に通うのは下層階級の人びとであり，彼らが中等教育機関であるグラマー・スクールやパブリック・スクールで学ぶ道は，事実上閉ざされていた。これに対して，アメリカ型では，初等学校の上には中等学校が，その上には高等教育機関が接続しており，小学校を修了すれば誰でもハイスクールに進学でき，さらにハイスクールを修了すれば大学に進学する道も大きく開かれていた。

　2つの型の違いは，教育内容にも反映していた。違いがもっとも明確に現れている中等学校について見てみると，ヨーロッパ型の場合，教育内容はエリートを養成するために必要な教養，たとえばギリシア語やラテン語などの古典語が重視された。これらは大学に入学するための基礎的な教養であった。一方，アメリカ型の場合，中等学校は一般にひろく開放されていたから，その教育内容は，大学進学を予定している人にも，職業に就くことを予定している人にも応ずるものでなければならなかった。したがって，アメリカのハイスクールの

中等教育機関のヨーロッパ型とアメリカ型

	教育の内容	教育対象	接続
ヨーロッパ型	教養	エリート	大学への準備
アメリカ型	教養＋職業教育	庶民	初等学校に接続

教育内容は、大学進学に必要な教養も、就職に必要な職業教育も、どちらも含むことになった。こうすることで、できるだけ多くの人の要求に応じようとしたのである。

このように、学校の接続、教育対象および教育内容から見て、アメリカ型は学校をひろく庶民に開放していることが特徴であった。阿部はこの点に着目し、日本の学校制度は民主主義的なアメリカ型にもとづくべきであると戦前から主張していたのである。不幸にして、阿部は戦後日本の教育改革を見ることなく亡くなったが、かれの構想した学校系統は、戦後日本の単線型学校系統である6・3・3・4制として実現した。

このような学校制度がアメリカ合衆国で形成された経緯を、これから見ていこう。

建国期の教育思想

植民地時代のアメリカでは、ヨーロッパ型の学校制度が移入された。マサチューセッツ植民地を中心に述べると、1635年に、ボストンにラテン・グラマー・スクールが設立された。これは、その校名が示す通り、古典語の学習を目的としたエリート養成のための教育機関であった。翌1636年には聖職者を養成するためにハーバード大学も設立された。その後、17世紀末までにマサチューセッツ植民地で約30校のラテン・グラマー・スクールが設立された。これらはエリートのための学校であった。その一方で、同植民地では、1642年に義務教育法が制定され、両親や徒弟の親方が子どもを宗教の原理と国法を理解できるように教育する義務が定められ、1647年には50世帯以上の町は読み書きの教師を雇うことを規定する法律が制定された。これらは庶民を対象とした教育といえる。このように、同植民地ではエリート向けの学校と庶民向けの教育とが併存しており、ヨーロッパ型の学校系統となっていた。

自由と平等を求めたアメリカ植民地は、1783年にイギリスからの独立を達

成し，1787年には憲法を制定して，アメリカ合衆国が成立した。新しい共和国は人民の政治参加を前提にした民主主義をめざしていたから，人民は無知蒙昧であってはならず，知性を備えていなければならなかった。ここに，学校教育制度の整備は共和国の課題となった。

独立革命を経験した人びとは，さまざまな教育論を展開した。独立宣言を起草したトマス・ジェファソン(Thomas Jefferson 1743-1826)は，1779年にヴァージニア州議会に，「知識の一般的普及に関する法案」を提出した。それは，暴政を防ぐためには民衆一般の知性をできるだけ啓蒙することが重要であることを指摘したうえで，同朋の自由と人権を保護する任務を託するに足る人物は公費で教育されるべきであり，奨学金制度による人材開発や単線型の学校系統の創設をめざしていた。彼の構想は実現しなかったけれども，出自よりも能力を重視したことは，独立当時の教育改革の方向性を示すものであった。やや遅れて，医師でもあり哲学者でもあったベンジャミン・ラッシュ(Benjamin Rush 1745-1813)は，『ペンシルヴァニアにおける公立学校の設立と知識普及のための計画，および共和国にふさわしい教育のあり方に関する考察』(1786)を起草した。それは，共和国のナショナリズム形成が教育の目的であるとして，すべての国民に共通の学校制度を創設して国民としての一体意識を生み出し，共和国への同化を促すことを主張していた。また，辞書の編集でのちに有名になったノア・ウェブスター(Noah Webster 1758-1843)は，「アメリカ青少年の教育について」(1790)を『アメリカン・マガジン』に連載して，アメリカがヨーロッパから文化的に独立するために，学校と新聞による知識の普及が重要と説いた。また，彼は学校での教材として『アメリカン・スペリング・ブック』(1783)を著し，祖国の歴史，法律に対する服従，道徳的義務などを，子どもに学習させようとした。この書はその後1世紀にわたって，教科書としてひろくアメリカで使用された。

このようなさまざまな教育論があったが，それらに共通するのは，異質な人びとをアメリカ人へと形成し，アメリカ合衆国の統一性を確保するための手段

として，学校教育制度が構想されたということであった。そのためには，複線型よりも単線型の方が都合がよかったのである。

19 世紀前半の社会状況——コモン・スクール運動の背景

1812～14 年の米英戦争を経て，1820 年代から 30 年代になると，アメリカ合衆国はヨーロッパから経済的にも独立を遂げつつあった。農業国であったアメリカにも，次第に工業が発達しはじめ，各地に都市が出現した。人口 2500 人以上の町は，1810 年には 46 にすぎなかったが，1850 年には 236 に増えていた（合衆国商務省『アメリカ歴史統計』（斎藤／鳥居監訳）原書房，1986）。しかも，都市人口の増大は国内の各地からの人口移動によるだけでなく，海外からも多くの移民が流入したことが原因であった。

都市は犯罪，失業，貧困などのさまざまな社会問題を引き起こしていた。そこで，これらの問題に対処するための方法として，社会の安定性と統一性を確保するための公教育制度の必要性を説く人びとが現れた。最も有名なのはマサチューセッツ州の初代教育長を努めたホーレス・マン（Horace Mann 1796-1859）と，コネチカット州の初代教育長で，のちに合衆国初代教育局長官になったヘンリー・バーナード（Henry Barnard 1811-1900）であった。彼らは，1830 年代から 50 年代にかけて，無償で，非宗派的な学校教育をひろくすべての民衆に開放しようとするコモン・スクール運動を主導した。また，教育方法や教育内容をコモン・スクールにふさわしく変革することもめざしていた。実際，教育内容や教育方法を改革しない限り，学校教育を多数の人に開放することは不可能であった。ちなみに，コモンとは，「どこにでもあって，階層の区別なく誰でも通える」という意味であった。

コモン・スクール運動の展開

合衆国憲法には教育については何の定めもない。このことは，教育が各州の問題であることを意味している。したがって，学校教育の制度や組織は，州ご

とに多様である。だが，コモン・スクールの設立をめざした運動は，おおむねいくつかの共通点をもっていた。

　第1に，宗教と教育との分離であった。アメリカでは植民地時代から，教会が学校教育を統制していた。建国後もしばらくの間，学校教育に対する教会の関与は避けがたく，州は教会が青年を教育することを当てにして，教会に土地や金を寄付することすらあった。牧師は教師と学校の授業を審査した。しかし，1830年代になると，産業の発達や都市の出現，移民の流入などを背景として，公立学校の目的は，共通の価値観や教養の教育を通じて，アメリカ国民を形成することであると考えられるようになった。その結果，多種多様な宗教と宗派の混在するアメリカ社会では，特定の宗教や宗派の教育を公立学校でおこなうことは不可能であり，教育の世俗化が要請された。マサチューセッツ州では初代の教育長ホーレス・マンが，1837年に公立学校で聖書を教える必要がないことを宣言した。1842年にはニューヨーク州が特定の宗派に属する教義を教える学校には補助金を禁止した。1858年以後に連邦に加入した州では，憲法で教育と宗教との分離が規定されている。

　第2に，学校を税金で維持することであった。建国初期には，公立学校の財源は，連邦からの国有地下付，地方税，授業料など，さまざまであったが，1820年頃から，州の補助金を受ける地方公共団体は学校教育のための地方税を徴収しなければならなくなった。さらに州によっては，州援助を引き受ける必要条件として，一定期間（通常は3カ月）以上開校すること，教科書や学用品を無償で支給すること，暖房設備をもっていることなどを要求することも一般化していった。税金によって維持される学校では次第に授業料も廃止されていき，学校の門戸は広く開放されることになったが，州からの援助は同時に州による教育の監督と分かち難く結びついていた。

　第3に，学校を監督する役人の出現である。1812年にニューヨーク州でアメリカで最初の州教育長官が設置され，1826年にメリーランド州，1825年にイリノイ州などが続いた。画期的だったのは，1837年にマサチューセッツ州

に州教育委員会が創設されたことであった。州教育委員会は教育長を選び，教育長が教育の実態を調査して，委員会を通じて州議会に教育施策の勧告をすることができたのである。この教育長に就任したのが，「アメリカ公立学校制度の父」と呼ばれるホーレス・マンであった。1839年にはコネティカット州でヘンリー・バーナードがマサチューセッツ州に倣って，州公立学校委員会を創設し，自ら初代の教育長に選ばれた。バーナードは1843年にはロード・アイランド州の教育長に転任し，さらに1867年には合衆国初代の教育局長官に就任した。マンやバーナードの影響を受け，19世紀の半ばには北部の諸州に指導者が現れ，州ごとの学校制度が形成されていった。

コモン・スクールの社会的機能

公立学校制度が果たした社会的な機能は多面的であった。第1に，コモン・スクールは都市の犯罪と貧困への対策であった。とくに経済的に貧しい人びとは犯罪の予備軍と見なされていた。彼らを教育することによって，犯罪を減らすことが可能と考えたのである。マンは露骨にも，「学校をひとつくれば刑務所をひとつ減らすことができる」と資本家を説得し，学校への資金提供を求めた。

第2には，文化的異質性への対処であった。1830年代から増えつつあった移民は，アメリカに先に住みついていたWASP (White, Anglo-Saxson, Protestant) とは異質の文化をもっていた。WASPにとって，かれらは道徳的な欠陥をもつように見えた。そこで，移民の子どもにWASP文化を教えることが必要であった。学校は文化的標準化の機能をもたされたのである。アメリカの小学校の教科書としてよく使用された『アメリカン・スペリング・ブック』や『マクガーフィー読本』には，WASPの価値観が明確に現れていた。

第3には，コモン・スクールは，都市産業労働者としての規律を教える場所であった。子どもは学校で数年間学んだのち，多くは工場労働者として働く。労働者として必要な資質は，時間や規律を守ることであり，機械の動きに合わ

4 アメリカ公教育制度の成立と教育思想 **47**

せて生活のリズムをつくることであった。教師に対して従順であることや，決められた時間割を守ることの大切さを子どもたちは学校で教えられたのである。

　第4には，学校が町の浮浪者を収容する場所としての機能をもっていたことも見逃すことができない。産業の発達とともに徒弟制度が崩壊すると，働き場所をなくした青年は浮浪者として都市に集まっていた。学校は彼らを収容するにも格好の場所であった。

　公教育制度はこのようなさまざまな機能をもって，出現したのである。

学校教育の整備

　コモン・スクールが普及する過程で，学校教育の実践も次第に整備されていった。19世紀はじめまで，学校は不衛生で，換気が悪く，詰め込みであった。それに対して，コモン・スクールの普及を指導していた人びとは，教授の能率をあげるためにも，また，生徒に規律を教え，授業に集中させるためにも，換気や採光，教室の配置，椅子や机等を，計画的に整備しようとした。たとえば，バーナードは，『学校建築』(1848)を著して，校舎や教室内のインテリアのあり方まで具体的に示した。ただちにこの案が実現したわけではないが，校舎を教育的に整備する必要性は一般に認められたといえる。

　能率よい授業をするために，教授法にも工夫が加えられた。1806年にニューヨーク市で導入された助教法(ベル・ランカスター法)は，1人の教師がひとまとまりの教育内容を年長のモニター(助教)に教え，そのモニターが教師の代わりに年少のグループに教えるという方法であった。この方法によると，1人の教師が多数の生徒の教育にあたることができたので，19世紀の初めに都市部にかなり普及した。しかし，モニターは自分が教師から学んだことをそのまま他の生徒に伝達することはできても，多様な生徒の進度を理解したり，教授法を工夫したりすることはできなかった。また，教師としての権威がなく，学級の秩序の維持もできなかった。

　1830年代になると，助教法に代わってグレイド制が導入され，19世紀半ば

に急速に普及した。その頃，グレイドは学校の段階を示していた。最も基礎的な3R'sを学習する段階と，それに続いて，やや高度な内容を学習する段階の違いであった。現在の用語なら初等学校の段階と中等学校の段階に相当する。この段階に応じて，校舎を一階と二階に分けた例もある。その後，難易度に応じて段階づけられた教材が作成され，どの段階の教材を学習しているかによって，生徒の進度を段階づける方法が一般化し，学年制ができあがったのである。厳格な学年制を導入した最初の学校は，1847年のボストンのクインシー・グラマー・スクールであった。

　教育方法や教育内容の整備がすすむにつれて，教育に関する専門的な知識と技術が必要になり，公立の教員養成学校（師範学校）が各州に出現した。1839年に，ジェイムズ・カーター (James G. Carter 1795-1849) やマンの努力により，マサチューセッツ州で設立されたものが最初であった。その後，南北戦争までに，8つの州で12校の師範学校が設立された。これらの学校が中心となって，新しい教育方法が全国に広がっていった。とくに有名なのはエドワード・シェルドン (Edward A. Sheldon 1823-97) が校長を務めたニューヨーク州立オスウェーゴー師範学校 (Oswego State Normal School) で，この学校はペスタロッチ主義を全国に普及させる中心になった。なお，この学校には1875（明治8）年に文部省の派遣留学生高嶺秀夫が留学した。彼は1878年に帰国後，東京師範学校に勤務し，のちにはその校長に就任して，日本にペスタロッチ主義（日本では開発主義と呼ばれた）を普及させた。

　1830年代から40年代のコモン・スクール運動を経て，1852年にマサチューセッツ州で全米で最初の義務就学法が制定された。その後，1870年代から1900年の間に，義務就学法を制定する州が次々に現れた。法律の制定が直ちに就学率の上昇をもたらしたわけではないが，学校教育の必要性はひろく認められつつあった。また，多数の生徒を対象に，できるだけ能率よく授業をするために，学年と学級を定め，一人ひとりの教師が多数の生徒に，同一の教材を教授する一斉授業の形式が，1870年代には，アメリカのほとんどの都市部の学校では

普通になった。明治10年代に日本に紹介された学級教授法は，この時期のアメリカの学校で実践されていた方式であった。

公教育制度の中等学校への拡張——カラマズー裁判

19世紀後半になると，公教育制度は中等学校にまで拡張していった。アメリカでは中等学校に相当するものは，植民地時代にはラテン・グラマー・スクールであったが，これは，一部のエリートのみを対象としたものであり，一般には普及しなかった。それに代わって，もっと実用的な内容を，一般の市民を対象に教授しようとしたのはアカデミーであった。1749年にベンジャミン・フランクリン(Benjamin Franklin 1706-90)が設立したアカデミーは，教育内容として教養科目だけでなく，実用的な職業科目も含んでおり，エリートだけでなく，勃興しつつあった新しい市民の要求に応ずるものであった。アカデミーは，初等教育のうえに接続し，同時に，高等教育への準備にもなったので，18世紀初期には代表的な中等教育機関になった。しかし，アカデミーは私立であり，有料であって，公立学校体系からはみ出していた。

アカデミーに代わって，1830年代から急速に普及したのは，公立ハイスクールであった。1821年にボストンに設置されたイングリッシュ・クラシカル・スクールが最初であり，その後，各地に設立された。公立ハイスクールは，一般の庶民が必要とする実用的な教育内容を教え，かつ原則として無償であった。19世紀半ばには，数のうえで，アカデミーに並ぶほどになっていた。

1872年にミシガン州カラマズー(Kalamazoo, Michigan)で起こった事件は，その後のハイスクールの発展を予言するものであった。当時，ミシガン州ではコモン・スクールは無償であることが州憲法で規定されていた。しかし，ハイスクールに進学するものは数％にすぎず，だれもが通うコモン・スクールとはいえないので無償にすべきではない，という訴えが起こされたのである。これに対して，1874年，州最高裁判所はハイスクールがコモン・スクールであることを判決で認めた。この後，公立で無償のハイスクールが急速に全国に広が

っていくのである。

参考文献
M. B. カッツ『階級・官僚制と学校：アメリカ教育社会史入門』（藤田英典他訳）有信堂，1989年
田中智志編著『ペダゴジーの誕生――アメリカにおける教育の言説とテクノロジー』多賀出版，1999年
ホレース・マン『民衆教育論』（久保義三訳）明治図書，1960年

5 ロシア公教育制度の成立と教育思想(トルストイ, ウシンスキー)

ロシア公教育制度の成立

ロシアは，19世紀になっても農奴制が存続するなど，ヨーロッパのなかでは近代化のもっとも遅れた後進国であった。1801年に即位したアレクサンドル1世は，フランス革命の国内への波及を恐れて比較的自由な進歩的政策をとろうとした。1802年に国民教育省を設け，1804年には国民教育の制度全般を構想する学校令を制定した。これによると教区学校（1年制ですべての教区に地主や僧侶が開く），郡立学校（2年制で郡庁所在地に），ギムナジア（4年制で県庁所在地に），大学（帝国を6学区に分け，各学区に1大学を設け，大学は学区内の学校を管理する）を設けるという，フランスのコンドルセ案をモデルにした構想であった。

しかし，1812年の祖国戦争でナポレオンを打ち破り，神聖同盟（1815年）を結成してロシアの軍隊を「ヨーロッパの憲兵」にしたてる頃には，アレクサンドルは極めて反動的な君主になり代わり，学校における宗教教育を強化したり，大学の自由を侵害するなど反動的教育政策をしだいに強めるようになった。当時の教育大臣シシコフが公会の席上で「学問というものは塩のようなもので，国民の状態およびその要求に応じて適度に使用されたときにのみ有益である。全国民に読み書きを教えることは，利益よりも害毒をもたらす」という発言をしたことは有名である。このような反動政策にもかかわらず，フランスの自由思想，革命思想は専制と隷従に苦しむロシア人のあいだにしだいに広まり，1825年12月，アレクサンドルの死を機会にデカブリスト（12月党）叛乱が起こった。これは農奴制の廃止・共和制の実現などを目的としたロシアにおける最初のブルジョア革命運動であった。デカブリストの叛乱はたちまちにして鎮圧されたが，フランスはじめ西欧諸国の文学・哲学思想によって目覚めたロシア知識人の自由思想，専制下の社会体制の不合理，農奴制の非人間性に反抗す

る解放思想は，ツァーの反動政策の強化にもかかわらずますます広まり発展していった。1828年，ニコライ1世は新しい学校令を出したが，これはギムナジアと郡立学校との連絡を絶つような反動的法令であった。教育大臣ウバロフは，国民教育の原則を，専制統治にすべてのものを奉仕させることにおき，大学の自治に対する圧迫を強めた。こうした「鞭のニコライ」のきびしい反動統治にもかかわらず，ロシアの文学・哲学はこの頃よりかつてない繁栄をきたすようになった。ロシアに詩の黄金時代を開いたプーシキン，ロシア・リアリズム文学の輝かしい伝統を創始したゴーゴリは，この時代に活躍したのであり，また自らデカブリストの後継者をもって任ずるゲルツェンやベリンスキーら革命的民主主義者たちは，モスクワ大学を根城として40年代のロシア思想界をリードした。スラブ主義と西欧主義との二大思潮が形成され，激しく論争を交したのもこの頃である。

　こうしたなかで農奴制の矛盾はしだいに深刻化し，農民一揆も頻発して，ついに1861年アレクサンドル2世は「下から打倒されるのを待つよりは，上から改革した方がよい」との考えのもとに「農奴解放」令を公布した。この農奴解放の前後には，解放される農民に教育を与えねばならないという社会的要求に応えて貴族・僧侶たちが開く日曜学校や農民学校が各地に設けられるようになった。国民教育に関する論議もこれまでになく活発になり，1857年にはロシアで最初の教育に関する雑誌が2つも創刊された。その1つ『教育雑誌』の創刊号にウシンスキーの最初の教育論文「教育学文献の効用について」が載っている。ウシンスキーは後に「ロシア国民学校の父」とも「ロシア教育学の父」とも呼ばれたのであるが，時代はまさにこのような人物を求めていたのである。1864年には，「初等国民学校規程」と「ギムナジアおよびプロギムナジア規程」が制定され，ロシアの近代的公教育制度の基礎が築かれた。それは，従来の身分制的な学校を階級的な学校に転換させ，教育目標や教授法には近代的な教育思想を反映させており，なお曲折はあるものの，ロシアの国民学校はこれらの規程に基づいてしだいに発展していった。

トルストイとウシンスキーの教育思想

19世紀ロシアの教育思想家のなかで傑出しているのは、なんといっても文豪トルストイと教育学者ウシンスキーである。

文豪トルストイ（Л.Н. Толстой 1828-1910）は、ロシア社会の現実をリアルに描いた小説『戦争と平和』、『復活』や道徳・宗教・人生哲学を論じた多数の随筆・論文等を通してロシア国民を教育しただけでなく、農民の子どものための学校を自分の領地ヤスナヤ・ポリャーナに開設し、その教育に直接携わるなかで教育についての思索を深め、多くの教育論文を書き残している。

青年時代『エミール』などを読んでルソーから強い影響を受けたトルストイは、1859年農民の子どもたちのための学校を開設し、自らの実践に基づく自由主義的教育論を62年1月に創刊した教育雑誌『ヤスナヤ・ポリャーナ』等に次々と発表した。この間、彼は西欧諸国の学校を訪問し、ディースターヴェークなどの著名な教育者とも話し合っている。国が統制・管理する公教育に、彼は反対で、一切の強制を否定し、「教育の唯一の基準は自由であり、唯一の方法は経験である」と独自の児童中心主義的教育論を展開するとともに、農民大衆の利益に真に応える国民教育制度の創造を訴えた。また、70年代には『初等読本（アズブカ）』のシリーズを刊行し、ロシア語の読み書き指導法の研究をはじめ子どものための読物の創作など読本づくりに没頭し、こうした教育実践面でもロシアの初等教育の発展に重要な貢献をした。

ウシンスキー（К.Д.Ушинский 1824-70）は、革命前ロシアの最大の教育学者であり、ロシア国民学校の父とも呼ばれる。モスクワ大学法学部卒業後、ヤロスラブリ法律専門学校、ガッチンスキー孤児学院、スモーリヌイ女学院の教師、国民教育省雑誌の編集長などを歴任、欧米先進国の教育理論を批判的に摂取しつつ独自の教育学理論を建設した。教育における国民性の原理を唱え、ドイツ教育学の抽象性を批判し、公教育は国民自身の手によって創り出される国民的なものでなければならないこと、母語の教育、初等教育、労働教育の重要性を強調した。

ウシンスキーの教育活動は50年代の後半からであるが、論壇への登場と名門女学院の教育改革で教育学者としての名声を高めていたウシンスキーは、60年『国民教育省雑誌』の編集を委任された。かれは、この雑誌の編集内容を刷新するとともに「労働、その精神的・教育的意義」や「母語」などの重要な教育論文をここに発表した。労働は人間存在の基礎であり、「人間は、まさに労働のなかに生活も、かれに値する唯一の幸福も見出す」として労働の意義を強調した論文は、スモーリヌイ学院を支配していた古いフランス宮廷的精神や人間観の変革をめざす彼が痛切にその必要を感じ、改革の基礎に置かねばならないと考えていた教育思想を述べたものである。また、母語が子どもの精神発達において果たす重要な役割を明らかにし、現実（直観教授）と結びついた母語の学習があらゆる教育活動の基礎におかれねばならぬことを論じた論文も格調の高い国語教育論である。かれは、このほか『子どもの世界』、『母語』といったすぐれた国語教科書を編纂し、初等教育における読み書きの合理的・科学的方法を提示して大きな成功を収めた。

　62年から67年までスイスを中心に外国の教育事情を視察したウシンスキーは、帰国後、『教育の対象としての人間──教育的人間学試論』の著述に没頭したが、これはかれの教育研究の集大成であり、教育学およびその基礎となる諸科学（哲学、心理学、生理学など）に関するかれの学説がもっとも体系的に叙述されている。世界教育史のうえでも「教育的人間学」の最初の提唱者はウシンスキーだといえるが、かれの「人間学」の哲学的含意はフォイエルバッハやチェルヌイシェフスキーの人間学に近い。かれは、自然科学を「唯物論への先導者」として有害視することに反対し、「真の教育者は、学校と生活および科学との仲介者とならねばならない。教育者は、科学によって獲得された真実の有益な知識のみを学校に取り入れなければならない」と主張する。さらに、この立場から、従来のドイツ教育学が、「教育の技術を科学だと考え、自己の教育規則の体系を科学法則の体系」と混同し、教育活動の真に科学的な基礎づけをおこなっていないことを批判した。

ウシンスキーは，従来のドイツ教育学は，狭い意味の教育学，すなわち「教育規則の集合」であり，このような「技術の理論」は，「科学の諸原理の集合」である広い意味の教育学に基礎をおかねばならないと考え，それを「教育的人間学」と呼んだ。教育的人間学の建設という壮大な構想を立てたウシンスキーは，科学およびそれに基づく教育技術の将来に大きな期待をよせていた。「教師は，つねに教育の力は，かれが利用しつくせないほどに大きなものであると確信すべきである」というウシンスキーの教育論は，自然および社会の絶えざる運動と発達を認めるかれの哲学，人類の漸進的な進歩・発達を信ずるかれの楽天的な世界観に基礎をおくものであった。

　当時のロシアの学校には，教師の教育活動をあれこれとしばる訓令や規制があり，厳しい監督の目も光っていた。しかし，どんなに詳細な訓令であろうと，どんなに優れた教育課程や教育方法であろうと，教師をそれらにひたすら盲従して行動する「盲目の訓令執行人」にすることはできない。またそれらが「教師の信念になっていなければ，実際には何の力も持たない死んだ文字にとどまることになる。この仕事では，どんなに厳しい監督も役には立たない」とかれはいう。こうして教師の教育の自由は，ウシンスキーの教育学における最も重要な原則の一つとなっている。それは，教師の官僚的統制からの解放と同時に，そのような画一的統制を裏面で支えていた見せかけの科学的法則からの解放をも含意していた。教育の技術（イスクストボ）は，芸術（イスクストボ）と同じ創造的な性格のものでなくてはならないというウシンスキーの考えは，今日においてもその意義を失っていないといえよう。

参考文献
川野辺敏他編『現代に生きる教育思想6　ロシア・ソビエト』ぎょうせい，1981年
竹田正直編『教育改革と子どもの全面発達』ナウカ，1987年
ウシンスキー『教育的人間学 1・2』（柴田義松訳）明治図書，1960年

6　中国公教育制度の成立と教育思想（蔡元培，陶行知）

民国時期以前の教育──中国独特の科挙試験制度

　中国では教育の歴史は大変古いが，公教育機関としての学校の歴史はそれに比較して案外短い。これは，6世紀末の隋の時代にはじまる「科挙」と呼ばれる官吏任用試験の存在と深い関係がある。この試験制度は，公平な試験による官吏任用という形式合理性を有しており，朝鮮等の周辺国にも伝わったが，当時中国文明を積極的に取り入れていたわが国は，これを採用しなかった。当時の日本は中国文明をあくまでも「選択的」に取り入れたのであり，そこに日本文化の独自性を見ることができる。科挙は日本の選択外であった。ここに，世襲制を重視した古代国家日本と，「公平」な試験制度により官吏を登用しようとした中国との違いが見て取れる。

　しかし，それをもって単純に中国の方が日本より優れていたとはいえない。科挙試験制度は，王朝が交替しても千三百余年にわたって綿々と受け継がれる。だが，この科挙試験は，人並み外れた高い頭脳をもつ人であっても長期間の受験勉強を余儀なくされるもので，数段階にわたる試験制度の最終段階の試験に合格するには，幼い時から勉強を始めて，成人になるまで，実に十数年あるいはそれ以上の歳月を要するのが普通であった。また，科挙の試験内容は時代がすすむにつれて次第に「八股文」に象徴されるような形式主義に陥り，暗記学習が教育の中心となり，人材の浪費といった弊害を引き起こす。さらに，国が公教育の機会を広く国民一般に提供するという考え方が希薄になり（中国で一定の実効性をともなう義務教育制度が実施されるのは1986年からで，わが国より百年も遅れた），官吏になることをめざす者のあいだでは「自学自習」が主になったから，それは近代的な意味での学校の発達を阻害することになった。中国には，西欧のキリスト教会のように宗教団体が組織的に大規模な学校運営をおこなうという伝統もなかったから，中国の教育は「昇官発財」（役人になっ

て立身出世する)という個人的動機に支えられるという意味では私教育的性格が強く，また教育(勉強)の目的が役人になることと直結していたという点では政治的性格を強く保持し，政治と教育の過度の一体化がすすみ，西洋流のリベラルな近代的教育思想の形成は非常に遅れた。

そして，この「自学自習」を主体とする教育を補佐する教育機関として，私塾が栄えた。私塾は，書院等の名称で呼ばれることもあったが，それは，たとえば初等教育，中等教育，高等教育等と区分されるいくつかの段階により構成される近代的学制とは全く異質のものであった。科挙試験制度と公教育制度とは本質的に両立しにくい存在である。その理由は，たとえば今日の日本で，人格の完成といった教育の有すべきさまざまな側面を考慮せず，受験勉強という一点だけを考えれば，塾や予備校の方が公教育機関より多分効果的であろうということからも，類推できよう。まして中国の科挙試験は，日本の大学入試のように2～3年の勉強でパスするという性格のものではなかったのである。

科挙の廃止，近代的学制の成立

前述の理由により，科挙試験が長いあいだ続いたため，中国では近代的学制の導入が遅れた。中国最初の近代的学制が公布されるのは，1300年余りの長きにわたって続いた科挙の廃止(1905年)とほぼ同時期である。中国最初の学制は1902年に清朝の手で公布された「欽定学堂章程」で，これが初等教育から高等教育に至る学校制度の大枠を定めた中国最初の学制である。しかし，これは公布されただけで実施されず，翌1903年には新たに「奏定学堂章程」が公布され，これが実質的に最初の学制となる。

その後，辛亥革命が起きて1911年に清朝が滅び，中華民国が成立した後，「学堂」という名称に代わって「学校」という名称が使用されるようになり，1912年学制，1922年学制等，幾度か新学制が公布される。しかし頻繁におこなわれた学制改革は，そのモデルとする国が日本やドイツ，アメリカ等と変わったものの，内実をともなったものとはいえず，軍閥政治や外国の侵略による

国力の疲弊もあって，全体的に見ると民国時期には教育改造はおろか，教育普及自体がすすまず，膨大な数の非識字者を生み出すこととなった。

一方，民国時期には蔡元培，陶行知ら著名な教育家が輩出し，各々の立場から教育改造を実践していく。以下，この2人の人物について見ていく。

蔡元培──リベラルな公教育論の確立者

蔡元培(1868-1940)は，清末の光復会以来の活動歴をもつ国民党の長老である。民国初年には教育総長を務め，五四時期には北京大学校長として「教授治校」（教授会の自治）や「兼容並包」（学問的に優れていれば政治性を問わず教授に招聘することで，李大や陳独秀，胡適ら当時「過激派」・「洪水猛獣」といわれた人物を北京大学に招聘するのに力があった）という原則を定め，旧態依然とした北京大学を近代的大学へと改革するのに力があった。また，南京国民政府成立後は当時中央教育行政機関として「大学院」の設立を提案し，自ら院長となったが，やがて蒋介石と対立するようになって，「大学院」は廃止され，晩年は中央研究院院長等を務めた。

蔡の幼少年時代にはまだ科挙試験制度があり，彼は幼いときから科挙受験勉強に入っていく。天才的頭脳を有していた彼でさえ，6歳で漢文の手ほどきを受けはじめてから，科挙の最終試験といえる「殿試」に合格して「進士」の資格を得るのは26歳で，実に20年もの歳月が費やされた。

しかし科挙試験に合格したものの，蔡は清朝内部での栄達という道に走らず，逆に孫文らとともに清朝打倒の革命運動に身をおくようになる。その後，一時革命運動から身を引き，1907年，41歳にしてドイツに留学する。1911年に辛亥革命が成功し，清朝が倒れて中華民国が成立すると，彼は本国に呼び寄せられて初代教育総長（文部大臣）となり，「教育方針についての意見」を発表し，清末の封建的教育思想に代えて「軍国民教育，実利主義教育，公民道徳教育，美感教育，世界観教育」の5項目を中華民国の教育方針として提出した。そして小学校の男女共学，女子教育の振興，体罰の禁止といった近代公教育の原則

を打ち出す。このように，蔡元培は中国の近代公教育の生みの親ともいえる。

その後，教育総長の職を辞した蔡は自らもフランスに留学するとともに，「華法(仏)教育会」を設立して自ら中国側会長となり，中国人若者が働きながら留学する「勤工倹学」を支援した。なお，中国共産党の創立当初の党員には，周恩来や鄧小平をはじめとして，この時期にフランス留学した経験をもつ者が数多く含まれる。

蔡は1916年に帰国し，北京大学学長に就任する。北京大学は，清末に設立された京師大学堂を前身とする中国で最も歴史の古い国立大学だが，蔡が学長になった当時，その実態は学問の府としての理想からはほど遠かった。そこで彼は，まず教授陣の刷新から着手し，「兼容並包」の方針の下に，保守派から改革派・革命派に至るまで，思想信条にかかわらず，学問的に優れている者を積極的に教授として招聘し，結果的に北京大学は新文化運動の拠点となっていく。また，近代大学の基本理念である「教授治校」の方針を打ち出し，政治権力からの独立・学問の自由を提唱する。これらは，いずれも中国の教育史上特筆すべき試みである。

「教育独立論」の現実化とその挫折

その後蔡は，国内の軍閥間の政争を避けて再び渡欧し，孫文が北京で死去した後，広州を拠点とする国民政府が各地に割拠する軍閥を討伐するための北伐を開始した頃に帰国し，1927年に蔣介石の上海クーデターの後で成立した南京国民政府の下で，再び全国の教育行政の長の座に就くことになった。

この中央教育行政機関は，従来の「教育部」という名に代わって，蔡自身の発案による「大学院」という名で呼ばれた。これは一般行政から教育行政を分離して，各大学区（省レベル）ごとに設置される国立大学に当該大学区の教育行政をまかせようとする「教育独立論」と呼ばれる構想に基づくものであった。この教育独立論は，教育専門家による教育行政，聯省自治論（連邦制）に基づく地方自治を基礎とする教育運営，教育税の導入による教育経費の一般財政か

らの独立等の原理を基礎としたもので，蔡の持論でもあった極めてリベラルな教育論を具体化したものである。

しかし，これは教育行政に政党が介入することを拒否する性格をもっていたため，「以党治国」（党を以て国を治める）を主張する蒋介石直系グループの反発をまねき，結局1年ほどで「大学院」はつぶされることになる。その後，彼は1927年末に設立された総合学術研究機関である中央研究院の院長職にとどまったほかは，重要な公職には就かず，孫文未亡人の宋慶齢らとともに民権保障同盟を結成して政治犯の釈放等に尽力し，日中戦争が始まった後は，戦火を避けて香港に移り住み，1940年に香港で逝去した。

蔡元培は，中国で初めて極めてリベラルな教育論を打ち出した大教育家であるが，その理論的ベースは欧州留学中に学んだヨーロッパの哲学や思想にあった。彼が民国初代教育総長として打ち出した5項目からなる教育方針は中国大陸，台湾を問わず，立場の異なる多くの人たちから共感と尊敬を集めたが，しかし彼の教育論の真骨頂とでもいうべき教育独立論だけは，その後，国民政府の下でも，あるいは戦後成立した中華人民共和国の下でも，顧みられることはなかった。なぜなら，その後の中国は大陸も台湾も，一党独裁体制の下で，執政党（前衛党）が教育を指導し統制するという方針を採ったからである。その意味で，中国教育が科挙制度以来の政治との過度の一体化という呪縛を解き放ち，近代化を実現するうえで最も必要なものが何かを，蔡元培は当時からすでに明白に理解していたのかもしれない。

陶行知──経験主義教育論により伝統教育に挑戦

陶行知(1891-1946)は近代中国で最も有名な教育家の一人で，安徽省歙県に生まれた。1914年に大学を卒業した後，米国に留学し，コロンビア大学でジョン・デューイからプラグマティズム教育論を学んだ。彼は1916年に中国に戻り，南京高等師範の教授となった。そのときから日中戦争終結直後まで，30年もの長きにわたって教育普及運動に従事した。彼が生きた時代は，中国の民

衆が一方で封建制度，もう一方でアヘン戦争以来の外国の圧迫の下で，苦難の道を歩んだ時代であった。陶行知のような米国留学帰りという当時としては最高の学歴を身につけた知識人が，中国の民衆とどのような関係性を切り結んで，教育実践をおこなっていったのかは，非常に興味深い。

　米国から帰国後，陶行知はデューイの経験主義教育論に基づいて中国の教育を改造しようとした。この頃，日本訪問を終えたデューイが1919年の五四運動発生直前に訪中し，2年にわたって12の省を講演旅行し，デモクラシーの教育を説いて回り，中国の教育界に大きな影響を及ぼしている。これが，陶行知らプラグマティスト教育家の台頭を導く地ならしとなった。ちなみに，デューイが与えた影響という点では日本より中国の方が大きかったといえるかもしれない。1921年，陶行知は中華教育改進社を結成し，総幹事となった。1923年，彼はやはりプラグマティスト教育家であった晏陽初らとともに中華平民教育促進会を設立し，その後平民教育（民衆識字教育）運動に従事した。彼は識字教育の教科書『平民千字課』を編集し，自ら各地へ出かけて平民教育を推進した。

　こうして1923～24年にかけて，平民教育運動は一気に高揚し，陶はその中心人物の一人として各地を精力的に歩いて講演活動等に従事した。平民教育運動の性格は，平民教育促進会の「文盲をなくして新民をやしなう」のスローガンに端的に示されている。つまり教育の力によって，個人個人の意識を変え，徐々に社会変革につなげていくという考えである。

　1923～24年にかけて大きく高揚した平民教育は，やがて反省期に入る。それまでの平民教育運動は，一部の例外を除くと，いずれも都市での運動であった。このことは，広大な農村を無視しては，教育の普及はありえないという反省を生んだ。デューイに続いて1921年に訪中した新教育系教育家ポール・モンローが「中国で教育を普及する上で農村教育が不可欠だ」と説いたこともあって，次第に郷村（農村）教育への注目が高まった。

　一方，教育方法面では，系統的知識の伝授を重視するエッセンシャリズムに

対抗して，デューイが子どもの興味や発達の程度に関心を寄せ，経験を通じて学ばせる経験主義の教育を主張したことはよく知られているが，陶行知も同様に，三字経，千字文，百家姓，大学・中庸・論語・孟子等を中心教材とする科挙以来の伝統である書物中心教育に反対し，経験主義に基づく教授法の改革でもって，これに対抗しようとした。アメリカをモデルとした新学制が公布された1922年に陶は「なすことの方法に基づいて学び，学ぶことの方法に基づいて教える」，「なすことにおいて学び，なすことにおいて教える」という「教学做合一」の理論を打ち出しているが，これはデューイの「learning by doing」を中国に移入したもので，問題解決学習など，徹底した経験主義の立場に依拠して，教授法の改革を通じた教育普及を構想していく。その背景には，中国流の教養観に基づく古典を中心とした伝統的カリキュラムの実生活からの乖離という問題があった。

農村改革のセンターとして「暁荘師範」を開設

陶が活動の拠点としていた中華教育改進社は，1924年頃から郷村教育を重視して研究班をつくり，1925年の年次総会では郷村師範の設立が決議され，1926年8月には『全国郷村教育改造宣言書』が提出された。陶行知は1926年の冬，中華教育改進社の教育事業の一環として，南京郊外に師範学校をつくる計画をまとめた。この農村改造の理想を掲げた師範学校「暁荘師範」は，1927年3月15日に南京郊外で13名の学生をもって開校した。農村での教育普及の役割を担う教師を養成することを主目的とし，そのカリキュラムも農村生活を中心的内容とするなど，生活教育的色彩の強いものであった。そこに流れている発想は，教育を通じて地域社会を改造するという中国版「コミュニティ・スクール」の考え方である。陶は開校式の席上，次のように述べている。「私達には教室もないし講堂もない。だが，世界で最も偉大な学校である。宇宙を学校とし，万物を先生とする。青い空が学校の天井であり，肥えた大地が学校の敷地である。」（戴白韜『陶行知的生涯及其学説』三聯書店，1948年，4頁）こうして暁

荘師範はその第一歩を踏み出した。陶は、先生と学生がともに苦労することが最もよい教育だと考えた。共に草履を履き、稲を植え、畑を耕し、魚を飼った。農作物の作り方を付近の農民に教えてもらうことも多かった。陶は、農民のおかれた状態を理解するために「農民に会いに行く」運動を先生や学生に呼びかけた。夜になると先生と学生が一堂に会して自分の経験を報告し合った。こうした暁荘師範初期の活動を通じて、陶の経験主義教育思想は肉付けされていく。

しかし暁荘師範の前期と後期では、陶の教育思想に明確な変化が見られる。陶は1929年に書いた『生活即教育』のなかで、「教育は生活なり」というデューイ主義のスローガンは「生活は教育なり」と改めねばならず、「学校は社会なり」というスローガンは「社会は学校なり」と改めねばならないと主張し、生活と教育、学校と社会の関係を逆転させるべきだと説いた。彼らは暁荘で、生活のなかから生起する問題と不断に取り組み、問題を分析し解決することを迫られ、そこから「生活は教育なり」という考え方が生まれた。また、社会を学校とするという教育思想が生まれた理由は、陶が師範教育を始めた目的にまで遡れば、ある程度その必然性を理解することができる。つまり、陶の理想は農村社会の改造であり、教育によって生産的農民、生活力のある農民を養成しようとした。よって、ただ「学校を社会化」するだけでは不十分で、むしろ活発な生活、活発な生産労働が営まれている農村社会全体を教育実践の場とする、つまり学校とすることが求められた。したがって、学校と社会を分離する垣根を取り払わねばならないと陶は考えた。ここにおいて陶の生活教育の理論は、一応の完成を見ることになる。

その後、蒋介石との政治的対立もあって、暁荘師範は1930年に閉鎖され、陶は官憲の手から逃れるため、一時日本に滞在した後、再び上海に戻り、陶と彼の仲間たちは『児童半月刊』や『師範生』といった雑誌を発行した。そして1932年秋、陶は上海郊外で「工学団」の建設を始めた(地名から山海工学団と呼ばれた)。工学団の設立構想が示された文章「郷村工学団試験初歩計画」(生活教育社編『生活教育論集』上海生活書店、1937年、87-91頁)によれば、「工学団とは小

さな工場であり，小さな学校であり，また小さな社会でもある。これは，生産の意義を含み，進歩の意義を含み，平等互助・相互防衛の意義を含んでいる。それは，工場・学校・社会を一つに融合させたもので，農村を改造し，生活力溢れる新しい細胞を生み出すものである。」このように，工学団は「生活を教育とし，社会を学校とする」という陶の教育理論を具体化させたもので，各職業・階層の人たちがそれぞれ工学団をつくって，働きながら学ぶという，今日でいう社会教育的意義をもった教育運動である。そのなかには，戦後の一時期「脱学校論者」たちが唱えた「学習のネットワーク」(learning web)の考え方とも通じるアイデアが示されており，また知識のある子どもが大人を教えるという「小先生」制も，教育普及方法の一つとして試行された。

　その後，陶は日中戦争が激しくなるなかでも教育普及運動を継続し，日中戦争終結直後の1946年に上海で逝去した。陶の経験主義の教育思想は，経験主義教育論発祥の地であるアメリカ以上に書物主義，教養主義的であった中国の伝統教育を大きく揺るがすもので，その影響は，一時共産党支配下の「解放区」にまで及んだ。しかし中華人民共和国成立後は，ソビエトから入ってきた系統主義教育論が台頭するなかで，陶行知らの経験主義教育論は社会主義教育論に相反するとして批判を受ける。その構図は，日本の戦後のカリキュラム論をめぐる経験主義と系統主義の間の論争に通じるものがある。中国で陶行知が再評価されはじめるのは，中国が文革の混乱を収拾して改革開放路線を採りはじめて以降のことである。

参考文献
石川啓二，大塚豊『中国の近代化と教育　蔡元培，徐特立』明治図書，1984年
中目威博『北京大学元総長蔡元培　憂国の教育家の生涯』里文出版，1998年
牧野篤『中国近代教育の思想的展開と特質──陶行知「生活教育」思想の研究』日本図書センター，1993年

第3章 各国における教育改革の展開

①　アメリカ（デューイ，教育の現代化と人間化）

19世紀末におけるアメリカ社会と学校教育

　19世紀末のアメリカ社会は急激な変化の途上にあった。1860〜65年の南北戦争は国内産業にとって大きな痛手ではあったが，その後の全国規模の資本主義の発展を促す契機になり，アメリカ経済はこの戦争の後，半世紀のあいだに，未曾有の高度成長を遂げた。技術革新に加え，奴隷解放や移民の増加による豊富な労働力の供給，大陸横断鉄道の開通（1869年）に象徴される西部への市場拡大，さらには，海外市場への進出などを通じて，アメリカは本格的な資本主義の時代へと突入した。

　だが，経済の発展は都市への人口集中と社会問題を引き起こした。かつて青年の教育に大きな役割を果たしていた徒弟制や伝統的コミュニティは崩壊した。金融資本と結びついた政治家の汚職は後を断たず，貧富の差が拡大し，大都市にはスラム街が形成された。都市の治安は悪く，貧困や犯罪も少なくなかった。南欧，東欧から来た新移民の多くは労働者として東部の大都市に住みついたが，彼らは祖国の文化とアメリカの文化との軋轢をしばしば引き起こした。移民の割合は大都市では人口の3割にも及んでいた。

学校教育の新たな課題

　このような急激な社会の変化は，公立学校に新たな課題を突きつけた。第1に，学校は入学してくる生徒の多さと，その多様性に対応しなければならなかった。ニューヨークやシカゴなどの大都市は人口が急増し，子どもを収容する教室が不足していた。そのうえ，あらたに流入した新移民の多くはカトリック教徒であり英語を話さず，教室はいろいろな言語を話す子どもであふれていた。この事態に学級一斉授業ではとうてい対応できないことは明らかであった。事実，義務就学法が制定されたにもかかわらず，落第をくり返し，中退する生徒は多かった。20世紀初頭でも，小学校に入学した生徒の1/3しかハイスクールには進学せず，そのまた1/3しかハイスクールを卒業しなかった。そこで，教育を個別化することが学校改革の課題のひとつとなったのである。この課題にたいして，生徒の進学の間隔を5～10週間にして，能力に応じた学級編成をおこなう方法(セントルイス・プラン)や，能力の程度に応じて学習の速度を変える方法(ケンブリッジ・プラン)，学級内に能力別の小集団をつくる方法(エリザベス・プラン)，能力に応じて学習する分量を調節する方法(サンタバーバラ・プラン)，生徒一人ひとりに教科別の個別学習を認める方法(プエブロ・プラン)など，さまざまな方法が各地で開発された。

　第2に，多様な生徒の要求に応ずるためには，教育内容を生徒の生活と結びついたものにしなければならなかった。これまでのような3R's(読み，書き，計算)のみでは，産業の発達した社会では不十分であることは明白であった。また，心理学の分野では，E. L. ソーンダイク(Edward L. Thorndike 1874-1949)の研究によって能力の転移説が否定され，その結果，教育内容は生活と結びついたものにすべきであるという主張が強くなった。とくに，急速に就学率が高まりつつあったハイスクールにおいては，生活と直接的な関連をもった職業教育が必要とされた。このような主張は，教育専門家の団体である全米教育協会(NEA)が結成した委員会の報告書のなかでしばしば打ち出された。とくに有名なのは，中等教育改造委員会が1918年に提出した『中等教育の根本原理』で

ある。それは、中等教育の7目標として、健康、3R's、職業教育、公民教育、よき家庭人、余暇の善用、倫理的性格をあげていた。これらはまさに生活に直結した内容であった。

このような課題に最も積極的に取り組んだのは、このころから各都市に置かれるようになった教育長であった。かれらの多くは、師範学校で教育学や心理学を学んで、教育に関する専門的な知見と経営の才能をもった専門家として、その地位を確立しつつあった。20世紀における教育改革は、教育長の主導のもとにすすめられるのである。

新教育運動のおこり

19世紀末までに欧米の先進国や日本などで成立した公教育制度は、教師が多数の生徒を対象に、同一の教育内容を一斉に教授することを前提にしていた。この方法は教師中心の教え込みであり、子どもの自発的な活動を許さず、子どもの個性や個人差に応ずることができなかった。また、既存の教科の内容を伝達するだけでは、急激に変化しつつある社会の要請に応じられないことも明らかであった。そこで、子どもの自発性や個性に応ずるとともに、社会の要求にも応ずるように、学校教育を改革していこうとする新教育運動が起こった。この運動は、子ども中心を標榜し、19世紀末から20世紀前半にかけて、世界の各地の学校に波及した。その影響は日本では大正時代に著しく、大正自由教育と呼ばれている。

アメリカにおける新教育の先駆者は、フランシス・W・パーカー(Francis W. Parker 1837-1902)であった。彼は、1875年から80年までマサチューセッツ州クインシーの教育長としてクインシー運動を推進し、1883年から99年まではイリノイ州のクック・カウンティ師範学校の校長を務めた。パーカーは子どものなかに神性を認め、その現れとしての自発活動を教育の中心に据えた。地理を中心としていろいろな内容を関連づけた中心統合法を開発し、教材としては、子どもが興味をもつ身近なものを取り上げた。また、学校を家庭のような

暖かく，かつ構成員が相互に協力できる胎芽的な民主主義社会にしようとした。パーカーはのちにジョン・デューイ(John Dewey 1859-1952)によって，進歩主義教育の父と呼ばれた。

1892年から93年にかけて『フォーラム』誌上に，アメリカの公立学校の実際を厳しく批判したセンセーショナルな記事が連載された。筆者のJ. M. ライス(J. M. Rice 1857-1934)は，全米の多くの都市の学校を実際に見学，調査して，授業が無味乾燥で機械的であること，教師の質が悪いこと，体罰が頻繁におこなわれていること，多くの都市の教育委員会はボスの支配下にあることなど，具体的にその問題点を指摘した。その一方で，いくつかの都市では，子どもの自発的な学習がおこなわれており，生活と密接に結びついた内容を教え，教師による研究会が盛んであることを紹介した。ライスは大衆に対して学校改革の必要性を訴え，また，進歩的な教育改革の方向性も示唆したのである。この記事を契機として，学校改革をめざすさまざまな動きが新教育運動として大きく盛り上がった。

児童中心主義の思想的系譜

新教育を支えた子ども中心の思想には2つの側面があった。一つは，子どもの個性や発達の法則を科学的に解明し，その自然な発達を保障しようとする科学主義の考え方であった。クラーク大学の学長であったG.スタンレー・ホール(G. Stanley Hall 1844-1924)は，その代表であり，児童研究運動の父といわれている。彼は，質問紙法を用いて，子どもの身体的および知的な発達に関する多数の事例を大量に収集，総合して，幼児期，児童期，青年期など，それぞれの時期の特徴を一般化して，発達の法則を見いだした。そして，この法則に合致した教育内容や教育方法を提案した。たとえば，幼児期には，内的な衝動を十分に発揮させることが重要であり，そうしない限り，次の段階へは発達しないという。早期の教えこみは，自然の発達を妨げるものとして拒否された。ホールはアメリカ心理学会の初代会長に就任して，発達心理学を確立した。クラ

ーク大学の彼のもとで学んだ A. ゲゼル(Arnold L. Gesell 1880-1961), H.H. ゴダード(Henry H. Goddard 1866-1957), L. ターマン(Lewis M. Terman 1877-1956)らの心理学者は, 20世紀のアメリカ発達心理学を指導していくのである。

　子ども中心の思想のもう一つの側面は, 個性を神的なものとして認め, 子ども自身の内部にある発達の可能性を開発しようとしたロマン主義の考え方である。その起源は, ルソー, ペスタロッチ, フレーベルにまでさかのぼることができるが, アメリカでは, エマソンの思想のなかに明確に表現されていた。パーカーの思想はエマソン(Ralph W. Emerson 1803-82)の思想を受け継いだものであり, デューイもエマソンから大きな影響を受けていた。さらに, 個性尊重の思想は, 1920年代の進歩主義教育を代表する教育実践であるドルトン・プランやプロジェクト・メソッドのなかで, 具体化された。

ジョン・デューイの思想

　新教育運動を理論的に指導したのは, ジョン・デューイであった。20世紀を通じて, デューイほど大きな影響を与えつづけた思想家は他にいない。彼が課題としていたのは, 急激に変化しつつある現代社会のなかで, 人間が成長しつづける条件を探求することであった。彼が提案したのは, 共同体としての学校であった。それは, 現実社会のさまざまな要素を取り入れた胎芽的社会であり, 生徒相互の人間関係を築き, 将来の社会のメンバーを形成するための場所であった。子どもは生活と結びついた内容を, 自らの興味を出発点として学習するけれども, その学習は直接的な功利性をめざすものではなく, 人間の知性の開発を目的とする。知性を備えた人間は, その知性でもって, さらに人間の成長を促すような社会を形成することができるとデューイは考えた。デューイの思想は, 子どもから出発する点では児童中心主義であったが, 民主主義社会の形成をめざす点では社会改造の指向性ももっていた。

　デューイは, 1896年にシカゴ大学附属実験学校(デューイ・スクール)を開設し, 自らの教育理論を教育実践のなかで検証してみた。校舎には, 作業室, 台

所，食堂などがあって，生徒は協力しながら主体的な作業に取り組むことができた。カリキュラムは子どもの発達段階に応じて，家の仕事，家に役立つ社会の仕事，発明と発見による進歩，というように展開していく。衣食住のような単純で基本的な活動をさせて，興味と努力への意欲をかき立てて，次第に科学的方法や概念が形成された過程を自ら経験することができるようにした。実験学校の理論を紹介したデューイの著書『学校と社会』(1899)は，世界の新教育運動に大きな影響を与えた。わが国でも，1905(明治38)年に文部省訳が出され，大正自由教育を理論的に支えた。

進歩主義教育の諸実践

子どもの個性，自由，自発活動を重視した教育実践に取り組んだのは，デューイ・スクールだけではなかった。パーカーの教えをうけたフローラ・クック(Flora Cooke 1864-1953)が初代校長を務めたフランシス・W・パーカー・スクール(1901年，シカゴ市)，マリエッタ・ジョンソン(Marietta Johnson 1897-1938)のオーガニック・スクール(1907年，アラバマ州フェアホープ)，キャロライン・プラット(Caroline Pratt 1867-1954)のプレイ・スクール(1913年，ニューヨーク市)，ヘレン・パーカースト(Helen Parkhurst 1886-1973)の児童大学(1919年，ニューヨーク市，のちのドルトン・スクール)などが，全米の各地に次々と設立された。

1919年，これらのさまざまな教育実践に関心をもっていた人びとは進歩主義教育推進協会を結成した。会長はスタンウッド・コッブ(Stanwood Cobb 1881-?)，名誉会長がハーバード大学元学長 C. W. エリオット(C.W. Eliot 1834-1926)であった。この団体は，1920年に名称を進歩主義教育協会(Progressive Education Association)に変更し，1924年からは機関紙『進歩主義教育』を刊行して，アメリカにおける進歩主義教育を統合する組織になった。エリオットの死後，1927年にはデューイがその名誉会長に就任した。進歩主義教育という用語は，この団体の活動を通して一般に普及していった。

協会は，進歩主義教育の原理を，①自然に発達する自由，②興味がすべての学習の原動力，③教師はガイドであり，仕事割り当て人ではない，④子どもの発達に関する科学的な研究，⑤子どもの身体的発達に影響をあたえるものに一層注意を払う，⑥子どもの生活の必要に応ずるために，学校と家庭が協力する，⑦進歩主義学校は教育運動のリーダー，という7項目にまとめた。

以上の7つの原理は子ども中心の思想を表現したものと見ることができるが，デューイが意図していた共同体としての学校や社会改造という思想は読み取ることができない。また，子どもの興味や自発性を尊重するあまり，子どもは基礎的な知識や技術の習得ができず，知性の発達にはつながらないのではないか，という危惧を抱かせるものであった。

それでも，『進歩主義教育』は，新しい教育実践を全国に紹介し，その影響力は大きかった。紹介されたもののなかには，教育の個性化をめざした代表的な教育実践であったドルトン・プラン(Dalton Plan, ヘレン・パーカースト創案)やウィネトカ・プラン(Winnetka Plan, カールトン・ウォシュバーン創案)，デューイの問題解決の理論を教育実践に応用しようとしたW. H. キルパトリック(William H. Kilpatrick 1871-1965)のプロジェクト・メソッドなどが含まれていた。1920年代は，アメリカの好景気にも支えられて，この機関誌に紹介されたような多様な教育実践が全国で展開していた。

進歩主義教育への批判

1929年の大恐慌以後，進歩主義教育は，内部からも外部からも，厳しい批判を受けはじめた。進歩主義教育の内部からの批判の代表は，デューイの教えをうけたこともあるG. S. カウンツ(George S. Counts 1889-1974)であった。かれは，1932年2月の進歩主義教育協会年次大会で，「進歩主義教育は進歩的であろうとしているか」と題する講演をおこない，ついで『学校は新しい社会秩序を建設しようとしているか』(1932)という小冊子を出版して，進歩主義教育が上流階級の人びとの意向を反映しているだけで，社会改造をめざしていな

いという点を激しく批判した。これ以後、カウンツ、デューイ、キルパトリック、H. ラッグ(Harold Rugg 1886-1960)らが、進歩主義教育協会の内部に社会改造をめざす人びとの理論集団を形成し、『ソーシアル・フロンティア』を発刊した。一方、協会は、進歩主義学校で教育を受けた生徒が大学に入学して活躍しているかどうかを調査した。この調査と研究の過程で、ラルフ・タイラー(Ralph Tyler 1902-94)らは教育成果の数量的測定よりも、認知面に加えて、関心・態度といった高度な精神活動にも着目する教育評価の概念と方法を打ち出した。その結果は『8年研究』として1943年に発表され、進歩主義教育の成果を確認するものであった。こうして、進歩主義教育協会は、社会改造を構想する人びとと、教育方法と教育実践の研究に集中する人びととの分離、いわば理論と実践の乖離傾向が強まり、その結果、協会自体の活力は弱まっていった。

　進歩主義教育を外部から批判したのは、本質主義者(エッセンシャリスト)といわれる人びとで、ウィリアム・バグレー(William C. Bagley 1874-1946)、アーサー・ベスター(Arthur Bester 1908-)、ロバート・ウーリッヒ(Robert Ulich, 1890-1977)らであった。かれらは、進歩主義教育は子どもの興味や自発活動を過度に重視し、アカデミックな学習を軽視して、その結果、学力の低下や規律の欠如をもたらしていると批判した。1938年には、ウィリアム・バグレーを中心として、「アメリカ教育の振興のための本質主義者委員会」が結成され、文化遺産の伝達や教科の系統的な学習の必要性を訴えた。

　こうして、進歩主義教育は、内部からも外部からも批判され、1940年代から衰退し、1955年に進歩主義教育協会は解散した。

教育の現代化

　1957年10月、ソ連がアメリカに先んじて人工衛星の打ち上げに成功したことは、アメリカ人に大きな衝撃を与えた。科学技術においてアメリカがソ連に遅れをとったことを知らされたのである。その衝撃はスプートニク・ショックという言葉で歴史に記録されている。この遅れの原因は、知的教科や科学技術

の教育をまじめにやってこなかった進歩主義教育に求められた。とくに，第2次世界大戦後，中等教育をできるだけ多くのひとに開放するために，アカデミックな内容を軽視し，生活や職業に直接役に立つような内容に傾斜した生活適応教育が厳しく批判された。

スプートニク・ショック以後，科学技術の進展のために，エリートを養成するための教育改革が推進された。1958年11月，連邦政府は国防教育法を成立させ，初等・中等教員をめざす大学生への奨学金，理科，数学，技術，外国語の優れた学生に対する奨学金，大学院学生に対する給付奨学金，中等学校生徒対象のガイダンス，などを盛り込んで，エリートの育成を計画した。また，1950年代末から60年代前半にかけて，英才の発見のための調査がしばしばおこなわれた。1960年代になると，生徒の能力をIQテストで測定して，その程度に応じた多様なコースを用意して，生徒をコースに振り分けるという能力主義的な教育制度が普及した。この政策はマンパワーポリシーといわれ，エリートの選抜をめざしていた。

科学技術を中心に教育内容を現代化することは政策的な課題であったが，それを理論面で支えていたのは，認知心理学者J. S. ブルーナー (J. S. Bruner 1915-)の研究であった。ブルーナーは，1959年秋，現代の科学の進歩に見合うように初等・中等学校の科学カリキュラムを改革することを目的として開かれたウッヅホール会議で議長を務め，そこでの議論をふまえて『教育の過程』(1960)を出版した。このなかで，構造学習，発見学習，内発的動機づけ，レディネスの促進，といった新しい原理を提起した。「どの教科でも，知的性格をそのままにたもって，発達のどの段階のどの子どもにも効果的に教えることができる」(J. S. Bruner, *The Process of Education*, 1960, p. 33；鈴木・佐藤訳『教育の過程』岩波書店, 1963年, 42頁)という言葉は，彼の理論の特徴を示している。

教育の平等化と人間化

このような能力主義的な教育改革に対して、公民権運動の進展を背景に、1960年代から70年代にかけて、教育機会均等の実現をめざす動きもあった。1954年に出された連邦最高裁のブラウン判決は、白人と黒人を別々の学校に通わせることを違憲と認定し、これ以後人種統合教育が急速にすすみ、公民権運動に拍車をかけた。連邦政府は、1964年に公民権法と経済機会法を、1965年には初等中等教育法を制定し、ヘッド・スタート計画などを実施して、教育的に恵まれていない子どもに対する優先的な財政援助を始めた。さらに、1975年には全障害児教育法を制定し、3歳から21歳までの子どもに対する無償で適切な公教育を保障することを規定した。これまで差別されてきた少数民族や女性が優先的に教育を受けることができるようにする積極行動(affirmative action)も実施されはじめた。

平等化の指向は、進歩主義教育を復活させようとする思想と結びついていた。形式的で規律を重視する学校教育を批判して、子どもの自由を尊重しようとする思想が、60年代末から復活したのである。この時期、イギリスのニール(A. S. Neill 1883-1973)のフリー・スクールや、シルバーマン(Charles E. Silberman 1925-)が『教室の危機』(1971)のなかで紹介したイギリスの幼児学校のインフォーマル教育の実践は、子どもの自由や自発性を尊重した実践であり、教育の人間化をめざしたものとして注目された。また、抑圧的で強制的な学校を解体して、学習のためのネットワークの形成を唱えた脱学校論も登場した。

しかし、このような動きは、教育目標をあいまいにし、安易な科目の増加と教育内容の多様化、学力の低下をもたらし、さらには非行の増加の原因にもなったとして、70年代末から批判されはじめた。

現代の教育改革

1980年前後、ドイツや日本などの経済的な追い上げのなかで、アメリカは財政と貿易という2つの赤字を抱え、経済は危機的な状況にあった。アメリカ

の国際的な地位の低下を恐れるアメリカ人は少なくなかった。学校教育を見れば，学力の低下，非行の増加，校内暴力の頻発などが顕在化してきた。

このような状況のなかで，教育改革へのさまざまな提言が打ち出された。1982年，かつての本質主義者の流れをくむ人びとは，アドラー(M. J. Adler)を中心としてパイデイア・グループをつくって意見をまとめ，『パイデイア提言——教育改革宣言』(1982)を発表した。それは，小学校から12年生までの教育課程から，職業準備教育や非学問的な選択科目を除外して，基礎教科の徹底をはかるものであり，この後の教育改革の方向を示した。

1980年代以後の教育改革の動向を決定づけたのは，教育の優秀性に関する全米審議会の報告書『危機に立つ国家』(1983)であった。70年代末から，アメリカの生徒の学力を示す大学進学適性試験(SAT)の得点は低下しつづけ，理科や数学などのアカデミックな教科を履修する生徒は減少を続けていた。このような学校教育の失敗がアメリカの国際的地位の低下をもたらしていると，報告書は危機感を表明した。そして，ハイスクール卒業要件の強化，測定可能な学力水準の向上，基礎的な教科の学習時間の増加，などを提言した。同じ頃，さまざまな教育改革リポートが提出されるが，それらにほぼ共通していたことは，共通基礎教科を増やすこと，進級の基準を明確にして，基準に満たぬ場合は落第をさせること，教師の資質の向上，などであった。

1980年代以後の教育改革は，学問的な内容を重視している点で，教育内容の現代化をめざした1960年代の改革と似通っている。しかし，1960年代には，エリートの養成によってアメリカの科学技術の向上をはかったのに対して，現代はすべての生徒の学力を保障することをめざしている点が，注目すべき差異である。

共通基礎教科の学習を強調すれば，さまざまな人種や民族，また一人ひとりの興味や個性の違いに配慮することが難しくなる。そこで近年では，生徒が自分の個性にあった公立学校を選択できるようにする地域が出現しはじめている。また，教育の理念を同じくする人びとが学校を組織して，それが一定の条件を

満たせば,公立学校(チャーター・スクール)として認められるという制度も出現し,注目を集めている。これらは,共通教科を学ぶことと個性をのばすこととの両立をめざした改革といえる。公教育制度の目的は,共通基礎教科を学習することなのか,それとも一人ひとりの個性への配慮を十分にすることなのか。その両立はいかにして可能なのか。このような公共性をめぐる論議が現在も続いている。

参考文献
メイヨー,エドワーズ『デューイ実験学校』(梅根悟,石原静子共訳)明治図書,1978年
佐藤　学『米国カリキュラム改造史研究――単元学習の創造』東京大学出版会,1990年
橋爪貞雄『二〇〇〇年のアメリカ――教育戦略』黎明書房,1992年

2 イギリス(トゥーニー，プラウデン，ナショナルカリキュラム)

3R's の教育をのりこえて――新教育の時代

　労働者階級の子どもたちが学んだ基礎学校では，1862年の改正教育令によって導入された出来高払い制度(～1896年)に象徴されるように，工場労働や産業訓練と通ずる考え方を基礎とする教育が営まれていた。規律や目上の者に対する従順さが尊重され，3R's(読み・書き・算)を中心に限定された教育内容と画一的で効率重視の教育方法(モニトリアル方式，一斉教授，機械的な暗誦など)が一般的であった。

　19世紀末から20世紀初頭にかけて，このような教育に対する批判を背景にして，進歩主義による学校があらわれた。イギリスで最初の進歩主義学校は，アボツホルムで1889年にセシル・レディの開いた学校であるとされる。しかし，イギリス帝国主義の成立を背景にしたこの学校は，寄宿舎での共同生活によって，知・徳・体の調和のとれた発達をめざしながらも，大英帝国の担い手の育成という枠を超えることはなかった。

　むしろ，イギリスにおける新教育の時代の中心であったのは，第1次世界大戦後に結成された新教育連盟とそれに連なる私立進歩主義学校であった。新教育連盟の中心的人物の一人であったエドモンド・ホームズは，30年間の勅任視学官としての経験から，基礎学校での教育は子どもたちの自由や進取の気質，知性を破壊する有害なものだと断言していた。ルソー，ペスタロッチ，モンテッソーリ，フレーベル，デューイらの教育思想の影響下，強制ではなく自由を基調に，子どもを個人として尊重する教育が，ニイル(A. S. Neill 1883-1973)が1927年に開いたサマーヒル学園，同じ年にバートランド・ラッセル夫妻が始めたビーコンヒルの学校などでおこなわれた。

　この時代における進歩主義教育の一定の広がりを示しているのが，教育院諮問委員会(ハドー委員会)の報告書である。同委員会は，すでに1926年の報告書

で，基礎教育を中高等教育につながる初等教育に再編すべきことを述べていた。続く1931年の報告書では，初等学校のカリキュラムについて，獲得されるべき知識と蓄えられるべき事実としてではなく，活動と経験という観点から考えられるべきだ，としている。ただし，このような進歩主義的な初等教育が実践されていたのは，ほぼ同時期の日本における大正自由教育の場合と同様，まだ私立学校を中心とする限られた一部であった。

「すべての者に中等教育を」の実現に向けて——1944年教育法と戦後教育改革

　第2次世界大戦が大衆に強いた犠牲と苦労をばねにして，戦中から戦後にかけて，多くの国では労働者大衆が階級的自覚を高め，社会改革の要求を掲げた。これに応えて，イギリスでもベヴァリッジ報告書(1942)が社会保障制度の骨格を示し，1945年に発足した労働党政権のもと福祉国家体制が整えられることになった。教育についても，すでに戦中から教員組合，労働組合会議，労働党などがそれぞれの改革要求を掲げ，政府も白書を公表して抜本的な戦後教育改革に向けての準備がすすめられていた。

　大戦終結前の1944年に成立した教育法は，戦後のイギリス教育制度の根幹を据えるものであった。法案提出者である教育院総裁の名から，バトラー法とも呼ばれる同法は，基礎教育と中・高等教育の断絶を廃止し，初等・中等・継続（高等）という連続した段階からなる学校制度をはじめて公的に規定した。また，義務教育年限をこれまでの14歳から15歳に延長することにし，さらに可能な限り早期に16歳まで再延長すべきことをうたうなど，さまざまな進歩的改革を盛り込んでいた。それは，労働者教育協会（労働者の知的能力の発達をはかることを目的に1903年に設立された，大学，労働組合，協同組合などの同盟組織）の指導者であった，ロンドン大学教授のトゥーニーが『すべての者に中等教育を』(1922)を執筆して訴えた，すべての子どもがその能力を発達させるにふさわしい内容をもった中等教育の保障という課題の実現に向けて，一歩を踏み出すものであった。

かつて，グラマースクールの中等教育は上層階級の特権であった。19世紀後半には，大衆の教育要求が高まり，中等教育として認められてはいなかったものの，基礎学校課程を修了した者がさらに数年間学びつづけることのできる上級基礎学校(ハイヤーグレードスクール)や職業技術教育を主に施す教育機関が生まれていた。20世紀前半には，義務教育制度の拡充や公立基礎学校の無償化がすすめられ，公立グラマースクールの設置もおこなわれるようになっていた。このような教育制度の発展という流れのなかで，1944年の教育法は，上述のような進歩的側面とともに，まだいくつかの克服されなくてはならない点を有していた。

その最大のものは，分断的な中等教育制度を許容したことである。子どもたちには，生まれつき「学問的」「技術的」「実際的」という異なるタイプがあるとして，それぞれに別々の中等学校(グラマー，テクニカル，モダン)を用意する3分岐制度が多くの地方で採用された。この制度は，知能テストに過度の信頼をおく心理学説と生得的な能力観に依拠するものであった。そのため，11歳時点での知能テストと3R's(読み・書き・算)の試験(イレブンプラス試験)の結果によって，子どもたちは異なるタイプの中等学校に選別されることになったのである。しかし，心理テストの信頼性に対する疑問が強まり，早期選別がもたらすさまざまな教育的弊害が明らかになるにつれて，11歳時点での試験の廃止と統一的・総合的な中等学校を求める声と運動が次第に高まっていく。

すべての子どもが無試験で入学できる中等教育学校
——コンプリヘンシブスクール運動

子どもたちを早くから異なった中等学校に振り分けるのではなく，共通の学校で個性を重視しつつすべての子どもたちに中等教育を与えることが，真の教育機会の平等であるという考え方は，かねてから労働者や教師たちの間で根強く存在していた。戦後教育改革がスタートした直後から，ロンドンをはじめとするいくつかの地域では，その地域のすべての子どもたちを無試験で入学させ

るコンプリヘンシブスクール（総合制中等学校）の実験が取り組まれていた。

　このような総合制の原則に立って中等教育を改革しようとする大衆的運動が，早期選抜によって，子どもたち一人ひとりがもっている能力が十分に開花させられず，才能が浪費されていること，分断的な中等教育が社会的不平等を維持・拡大するように働いていることが明らかになるにつれて，ますます強まっていった。1965年には，前年の総選挙で政権に返り咲いた労働党政府が，地方ごとにおこなわれるコンプリヘンシブスクールへの再編にはじめて公的な後押しを与えた。その後，一部に選抜を実施するグラマースクールを残しながらも，中等学校制度の再編はすすみ，現在では大部分の子どもたちがコンプリヘンシブスクールに学んでいる。

　イギリスのコンプリヘンシブスクールについては，現在日本ですすめられている高校の総合学科との違いをおさえておく必要がある。総合学科は，教育内容面において選択を基礎としつつも一定の総合原理がうかがえるが，中等教育制度としては，普通科，専門学科とならんで，むしろ中等教育機関の分化を促進している。また，総合学科の高校は，全県一学区など大学区制を採用しており，小学区制で，地域性を強く意識した学校であるコンプリヘンシブスクールとは違っているのである。

児童中心主義教育の聖典――プラウデン報告書がもたらしたもの

　個性的存在としての子どもを顧みず，機械的な暗誦を強い，体罰も頻繁におこなわれていた抑圧的な教育を批判して，新教育の時代に高まりを見せた進歩主義的教育は，その後ゆっくりと，イギリスの初等学校に浸透していった。第2次世界大戦後，とくにヨークシャーのウエストライディング，オックスフォードシャー，レスターシャーなどは，進歩主義的な初等学校の実践で知られるようになった。

　19世紀以来の基礎教育的伝統の克服をめざす，教師をはじめとする教育関係者の努力に公的な承認を与えたのは，レディ・プラウデンを長として，初等

教育のあらゆる側面について検討をおこなうことを付託された中央教育審議会によるプラウデン報告書(1967)であった。この報告書は、社会的に不利益な状態におかれている地域への優先的な資源投入、幼児教育の充実、学校と家庭とのより緊密な協力関係など、多くの改革提言をおこなった。

とりわけ、プラウデン報告書は、子どもの関心に適合した学習課題の選択、活動や個人的経験の重視などの児童中心主義的教育方法に全面的な支持を与えるものであった。本文には「教育過程の中心には子どもが存在する」という有名な一節がある。以来、プラウデン報告書は、教師の養成や現職教育の教材として多く用いられ、児童中心主義的な考え方に沿ったインフォーマルな教育のよりいっそうの普及を促した。また、アメリカや日本のオープンスクールやオープンスペース教育にも影響を及ぼしている。報告書が内外の教育に与えた、このような影響力から、プラウデン革命と呼ばれることもある。

しかし、プラウデン報告書と児童中心主義に対する批判も決して弱くなかった。それが基礎学力の低下をもたらすものだとする批判は当初からみられた。また、児童中心主義的教育を社会的秩序や安定に対する脅威ととらえた保守派・右派勢力もあった。彼らは『教育黒書』(1969〜)を次々に出版して、児童中心主義は子どもに権威に挑戦することを促し、基礎学力や技能、規律の重要性を無視していると批判した。また、ほぼ同時に力強く進行しつつあった、中等教育機関のコンプリヘンシブスクールへの再編とあわせて、プラウデン報告書にもとづく初等教育の改革は過度の平等主義を助長するものだという、かなり政治的な色彩の強い攻撃を展開した。

一方で、児童中心主義的・進歩主義的教育のほんとうの意義を理解しようとしないまま、そのうわべだけを取り入れた実践がみられたことも残念ながら事実であったとされる。日本でも、1990年代に入って、子どもの興味・関心・態度を重視する新学力観の流布・流行がみられた。これらは、一見、児童中心主義・進歩主義教育がめざす教育と似ているようにも思われるが、流行に流されず、それらの本質的な理解に立つ実践が求められている。

選択と多様性の教育——保守党政権による教育改革（1979〜97年）

　1979年に労働党から政権を取り戻したサッチャー保守党政権は，次々と教育法を成立させ，精力的に教育改革をおし進めた。その背景として，1970年代からの国際経済の変化とイギリスの国際的地位の凋落が大きい。その凋落の原因として批判の矛先が向けられたのが，教育であった。1976年には，労働党のキャラハン首相がオックスフォードのラスキンカレッジで，学校が子どもたちに将来の職業生活に向けて十分な準備を与えていないことなどを問題とし，国民的な教育大討論を呼びかける演説をおこなった。教育がもっぱら国家経済の観点から問題とされるようになり，教育に対する国家介入が強められていく地盤がつくられつつあった。

　保守党政権によってすすめられた教育改革の最大の特徴は，「選択」「多様性」「効率性」を旗印に，市場競争原理に依拠した教育制度をつくり出そうとした点にある。これは，戦後イギリス社会が選択した社会民主的合意にもとづく福祉国家体制の大転換という意味をもっている。数々の教育立法のなかでも，1988年の教育改革法（教育科学大臣の名前からベーカー法ともいわれる）は質量ともに，この時期の保守党政権による教育改革を代表するものであった。

　保守党政権による教育改革を通じて，親が子どもの通う学校を選択できる権限が強められた。学校に対しては，在学する子どもたちの試験成績などを公表（リーグテーブル）して，選択の材料に供することを義務づけてきた。また，学校に交付される予算を，入学する子どもの数で決める仕組みを導入した。学校にとって子ども・親という消費者に選択されることが至上命題となり，この競争によって教育に多様性が生まれ，質も向上するとされた。しかし，選択と多様性の教育を推し進めたことによって，もとから良い成績を望めそうにない子どもや問題行動を起こす子ども，障害児や民族的少数者が学校の評価にとってマイナスだからという理由で排除されるなどの問題も明らかになっていった。

教師の拘束服?——ナショナルカリキュラムの登場

　サッチャー保守党政権下の教育改革のもう一つの柱は，ナショナルカリキュラムを定めたことである。1944年の教育法は，宗教教育に関する規定を除けば，学校のカリキュラムについて積極的に定めることはしていなかった。それ以後の約30年，国家がカリキュラムや教授法について直接介入することはおおむね例外的なことだった。基礎学校やグラマースクール的な教育は依然として影響力をもちつづけていたし，進学や就職のための一般教育修了証試験（GCE）が学校のカリキュラムを枠づけてしまう，ということもあった。しかし，教育の内容や過程に関する具体的な事柄については，教師たちが専門的判断や工夫を働かせる自由がかなり残されていたのである。ナショナルカリキュラムは，そのような自由を大きく制限するものであり，教師にとっての拘束服であると評されることもあった。

　1988年の教育改革法によって導入されたナショナルカリキュラムは，5歳から16歳までの子どもに教えられなくてはならない教科（英語，数学，科学，技術，歴史，地理，美術，音楽，体育，外国語）と，教科ごとの到達目標と学習内容を示すプログラムから構成されている。さらに，7歳，11歳，14歳，16歳の時点で，子どもたちのナショナルカリキュラムに基づく学習到達度を全国的に評価するものとした。ナショナルカリキュラムの定める内容以外のものを教えることや，どう教えるかは自由であるとされたが，学校現場ではナショナルカリキュラムの内容をこなすので精一杯であることが実状だった。また，教科ごとに複数ある到達目標の詳細なレベルに即して子どもたちの到達度を評価しなくてはならない仕組みは，教師たちに膨大な事務的・管理的な作業時間と労力を求めた。7歳の時点での全国的試験の教育的意義が問題にされることも多かった。

　このような多くの問題点を抱え，学校現場や教育研究者からの批判も強かったナショナルカリキュラムは，その後見直しと修正を余儀なくされた。政府は，教育界の外から労使紛争の調停者として名を知られたデアリング卿を招聘し，

その任にあたらせた。デアリング・レビュー(1993〜94年)と呼ばれる，この見直し作業の結果，ナショナルカリキュラムのスリム化と試験の簡素化が実施された。これは，内容の詰め込みと過度に規定的な性格を若干緩和したものの，権利としての教育をすべての子どもたちに保障するカリキュラムとしては，中等教育における職業準備教育のあり方などを含む多くの問題を未解決のまま残している。

教育，教育，教育！──新生労働党の教育改革

1997年5月，ブレアの率いる労働党が長い野党暮らしに終止符を打ち，サッチャーからメジャーへと引き継がれた保守党長期政権を打ち倒した。労働党は選挙活動期間中から，政権獲得後には教育を政策として最も優先することを表明していた。初等学校低学年の学級規模を30人以下とする公約は，とても好意的に受け止められていた。しかし，政権獲得後，盲目のブランケット教育雇用大臣の下でいまもすすめられつつある教育改革で最も重視されているのは，なんといっても，子どもたちの基礎学力水準の向上という問題に他ならない。

具体的には，初等教育の終了段階での英語と数学における到達レベルについて，2002年までに達成すべき数値目標を設定して，その実現のための諸施策が実施されている。「読み書きの時間」や「計算の時間」が学校の時間割に導入され，効果的な授業方法の普及が奨励されている。幼児教育や中等教育についても，全国的目標のほか，地域ごと，学校ごとの目標設定が促され，それらを達成するための「支援と圧力」の仕組みがつくり上げられている。厳しい競争の圧力にさらすだけではなく，そのために努力をする学校や教師には十分な支援を与えようという姿勢が，前保守党政権とはやや異なっているが，ナショナルカリキュラムや学校ごとの試験結果を公表して親の学校選択の材料とする制度はそのまま受け継がれている。

日本とイギリスの現代教育改革

このような英国版全国学力向上運動ともいえる教育改革を，現代日本の教育改革と少しだけ比較してみよう。日本では，1996年の第15期中教審第1次答申以来，「ゆとり」「生きる力」「個性尊重の教育」が教育改革のキーワードとされている。1998年から99年にかけての学習指導要領改訂で，教育内容が大幅に削減されたが，最近ではむしろ「ゆとり」の強調しすぎによる基礎学力の低下を懸念する声が聞かれるようになっている。この点，イギリスでは，伝統的な3R's(読み・書き・算)的学力の重要性が強調されているのが好対照である。

一方，中等教育についてみれば，当初のナショナルカリキュラムがきわめて教科中心的でアカデミックな性格であったことに対する反動から，中等教育の職業準備教育としての性格を強調する意見もあり，能力や進路に応じた分化が推し進められている。

全体的には，日本でいますすめられつつある，地方分権的・規制緩和的な教育改革は，80年代以降のイギリスですすめられた市場原理に基づく教育改革と似たところが多い。両国の現代教育改革を，それぞれの公教育制度成立期以来の教育史(それ以前も含めて)に位置づけながら比較することからは，多くのことを学ぶことができるだろう。

参考文献
稲垣忠彦ほか『子どものための学校――イギリスの小学校から』東京大学出版会，1984年
志水宏吉『変わりゆくイギリスの学校 「平等」と「自由」をめぐる教育改革のゆくえ』東洋館出版社，1994年
D. ロートン『教育課程改革と教師の専門職性――ナショナルカリキュラムを超えて』(勝野正章訳)学文社，1998年

③ フランス（シュヴェーヌマン・ジョスパン改革，フレネ教育）

シュヴェーヌマン教育大臣下の教育課程改革（1985年）

　1981年5月10日，フランス第5共和制下の4代目の新大統領が，社会党籍のミッテランに決まった。左翼の大統領の誕生である。これは，1972年6月に社会党・共産党・左翼急進運動のあいだで結ばれた「共同政府綱領」に込められたフランス国民の期待が実を結んだものであった。綱領の第4章「国民教育」において，「学校は，一切の社会的な隔絶を斥け，全ての文化的不平等と闘いながら，全ての者に対してあらゆる可能な能力を養成し発達させる目的を与えられる」とし，「社会的隔絶に対する闘いは，優先的課題である」と記している。社会的隔絶とは，階級的複線的学校制度の結果，子どもが親の出身階級に立ち戻り，階級が再生産され，階級間の壁が強化されることを意味し，フランスの大きな社会問題となっていた。

　ミッテラン大統領の下，モーロワ社共連立内閣の国民教育大臣（文部大臣）サヴァリは，第1にこの問題に取り組んだ。ZEP ゼップ政策（Zones d'éducation prioritaires，教育優先地域政策）である。これは，とくに社会の底辺にいる人びとに教育の機会を現実的に保障するばかりでなく，彼らの生活する地域全体（住環境・文化環境）の改善をはかろうとする政策で，教育・文化的条件の恵まれていない地域を教育優先地域と特定し，この地域の学校施設・設備の改善，教育内容・方法の工夫・教員の加配，文化的活動・行事への支援等，教育予算の優遇をはかる政策であった。

　この教育大臣は，他に初等教育，前期・後期中等教育，教師養成制度等の改善に取り組んだが，私立学校教員を公務員化し，国家統制下に置こうとする法案を国会に提出し，保守派の激しい反対運動，左翼内部からの性急すぎるとの批判を受け，内閣は総辞職するに至った。

　新たにファビウス首相による社会党単独内閣が1984年7月に成立し，前内

閣時の研究・産業大臣であったシュヴェーヌマンが教育大臣となり，彼のもとで，幼稚園から後期中等教育（リセ）に至るカリキュラム改革がおこなわれた。

シュヴェーヌマン教育大臣の教育改革の意図については，次のようにまとめられている。「まずは，学校での基礎学習を確実にすることによって，すべての若者に優れた基礎教養を与えること，次に，『成功〔落第者・低学力者を出さない，の意〕のコレージュ』を打ち立てることによって技術教育の再評価を行い，学校と企業を接近させることによって，学校を近代化の尖兵とすること，『全員の底上げによる最良部分の選抜』を確実にし，その社会的出自とは無関係に，各人にその機会を与えることによって経済競争に勝利を収めるために，フランスが必要とする数多くのエリートをフランスに与えること，以上がシュヴェーヌマンの挙げた教育政策の3つの柱である。」

シュヴェーヌマンの意図は，日本やアメリカ・ドイツ等の資本主義国間との経済競争に打ち勝ち，また93年の欧州統合においてフランスの主導権を確立するために，学校教育を通して子どもの学力の底上げ（バカロレア資格所得者数を同一年齢の80％に高めること）と同時に共和主義的エリートの育成をはかろうとするところにある。

彼の初等学校カリキュラム改革の特徴は，次のとおりである。

教科と授業時数　シュヴェーヌマン改革以前の大きなカリキュラム改革であった1977年のアビ教育大臣のそれと比べてみると，授業時間数は27時間で変化せず各教科への時間配当が全学年通して同一であったものが，学年によって変化（フランス語の時間が減り，代わりに科学・技術，歴史・地理の時間が増える）している（ここでの1時間とは60分のことである）。従来「（能力）めざまし活動」とされていた統合教科が廃止され，細分化された独立教科に姿を変えた。週当たり27時間（正味）の授業時間は「半日毎に9つに配分される」（省令）とある。短い規定であるが，極めて重要な意味をもっている。3区分教授法の時代から，国語と数学が教科のなかで，すなわち学校教育のなかで最重要視され，この2教科は午前中に教えられることになっていた。今回もこの方針が踏襲されてい

る。フランスでは，1972年に至るまで，木曜日は休校であった。この日は，親が望むなら子どもを教会で宗教教育を受けさせることを可能とする日で，フランスの近代的公教育制度が整備された1880年代から続いていた「伝統」であった（その意味で，フランスでは100年前から週休2日制が確立していた）。1972年9月の新学期から，木曜の休日は水曜日に移された。それは，子どもの「修学（学習）のリズム」を重視し，月火の授業，水の休日，木金の授業，土の半日授業のサイクルによって子どもの学校生活のリズムを保とうとするものであった。

教科細分化の説明　教育省は，小学校のカリキュラムを単行本として出版している。その序文は，カリキュラム構成を学校の今日的役割から説き起こして，説明している。「フランスに確固とした，活動的な，未来に開かれた学校を与えること，これがこの『プログラム（教育課程）と説明』を通して追求されている目標である。」学校の役割を「それが知識の基本的要素を提供するが故に基礎的〔学校〕と呼んでいる学校は，民主主義の進歩において決定的な役割を果たす」と述べた後，「生徒〔児童〕は学校で，コレージュでの教育を成功裡に継続するための基礎知識を獲得し，かつ，自分自身の頭で思考するべきである。学校は知識教育をほどこすことを通して自由への教育を行う。21世紀に生きるおとなを育成するには，基礎学校〔小学校〕の教育課程の近代化が必要である。教育課程の近代化は，知識と能力をもとに基本的な7つの大きな領域に配分することになる。7つの領域とは，フランス語，数学，科学・技術，歴史・地理，市民科，芸術教育，体育・スポーツ教育である」と説明する。この細分化によって新たに登場した教科は，科学・技術と市民科である。科学・技術は，天文学・物理学・科学・地質学・生物学・技術を含む。技術は「人間によって築かれた世界を子どもが手に入れるようにさせ，彼に人類の進歩に手を付け，それに参加しようとする意志を鼓舞する」ものだと位置づけている。世界的に進行する技術革新の流れを学校に積極的に取り入れ，子どもを，前述のように資本主義国間の経済競争に打ち勝つよう対応させるものといえよう。

愛国心教育と民主主義教育の二面性　今回のカリキュラム改訂の特徴の一つは，「歴史・地理」と「市民科」を独立させたことである。「歴史・地理」は，基本的には，自国中心・ヨーロッパ中心主義に彩られている。小学校の場合，「この教育は，子どもにヨーロッパ，全世界に位置づけられるフランスの歴史と地理についての明確で正確な知識を少しずつ与える」とある。新カリキュラムのイデオロギー的特徴は以前にも増して国家意識・愛国心の育成を強調している。小学校の「歴史と地理は，児童の心の中に，国民（国家）意識があらわれることにたずさわる」とあり，小学校最終学年では，歴史は「技術大国・文化大国のフランス」で，地理は「世界の中のフランス」で締めくくられることになっている。市民科では第 1 学年で「フランスのシンボル：マリアンヌ，三色旗，ラ・マルセイエーズ，7 月 14 日」が教えられ，最終学年では，「軍隊と国防」を含む「世界のフランス」の項で締めくくられる。

　だが他方，『基礎学校〔小学校〕——教育課程と解説』の前書きにおいて「学校生活の中で，またそこでの教育において，文明開化した民主主義社会を基礎づける諸徳性が培われる。すなわち，真理の探究と人間性への信頼，知的厳密さと責任感，自他の尊重，連帯と協力の精神，人種差別主義の拒否，種々の文化（異文化）の中に存在する普遍性の認知，自由・平等・博愛に対する愛着と結びついたフランスへの愛が培われる」とあるように，民主主義的価値・精神も強調されている。愛国心教育と民主主義教育が微妙なバランスの上に乗せられている。

　コレージュの教育課程の特徴は，横断的主題学習の新設である。これには，前史がある。1975 年のアビ教育改革によって，旧来の階級的複線型前期中等教育は廃止され，単線型となった。「統一学校」制度がようやく実現したことになる。従来，エリート層の子どもたちは小学校卒業後，7 年制のリセに入学し，一般民衆の子どもたちは 4 年制のコレージュに進学していた。リセの前半 4 年間のクラスは廃止され，すべての子どもが小学校卒業後，4 年制コレージュに進むこととなった。リセは，アビ改革後は 3 年制のみとなり，後期中等教

育学校を意味する言葉となった。前期中等教育の統一化によって生じた問題は，従来複線型のために，学力水準が均一的であったものが，今度は学力差のある生徒が混在する「異質の学級」が出現したことである。そのため，アビ改革では，できる生徒には「深化学習」を，学力の遅れている生徒には「補充学習」をおこなう教育方法を採用した。

1985年のシュヴェーヌマン教育改革のコレージュの教育課程のめざしたものは，「生徒には，その修学において成功し，リセでの教育を受けて利益のあるように，またその生活において，その学習において，市民生活において，万人に必要な教養を獲得できるようにする」ことであった。この教育課程では，「教育の多様化と個別化」が強調されている。それは，「何人かの生徒の〔学習上の〕困難と学級の異質性から生じる問題に対応する」ためである。生徒の多様性に応えるために，教育目的と〔生徒による〕知識の獲得が達成されることを条件に，教師の教育方法の選択の自由が強調されるが，「教育方法の選択と教育の進め方は教師の責任に帰す」と，教師の役割の重要性とともにその責任が強調され，教授の自由にタガがはめられている。

85年の教育課程（プログラム）において最も特徴的なことは，「横断的主題」学習の考え方が表明されたことである。横断的とは諸教科間を貫くという意味で，各教科を相互に無関係なものと見なすのではなく，逆に，各教科に関係があることを学ばせようというのである。主題（テーマ）は，消費教育，開発教育，環境と共同遺産に関する教育，情報教育，健康と生命に関する教育，安全教育，の6つから構成されている。これらの主題は正規の各「教科」の枠内で，心ある教師個々人が扱うことになっており，教科の独立性原理の下で養成されたフランスの中等学校の教師たちにとってはなじまないものであった。

ジョスパン教育大臣下の教育課程改革（1989年）

1988年5月，7年間の任期を終えたミッテランは大統領として再選された。社会党のロカールが首相に任命され，国民教育大臣（文部大臣）には社会党第一

書記であったジョスパンが任命された。1989年7月10日,革命記念日の4日前,ジョスパン教育大臣の下で教育基本法 Loi d'orientation sur l'education が公布された。

教育基本法は,教育の民主的原則理念を法制化した日本の教育基本法とは性格的に異なるものであり,むしろ,1975年のアビ改革を根本から改め,教育の民主化・平等化を実質的に一層発展させようとしたもので,その特色は,1)教育を「国家の最優先的課題」と位置づけ,「教育の権利」保障を明確にうたったこと,2)従来,(学校)教育を知識教育 enseignement 中心にとらえきたものを,人格教育 éducation, 生涯学習・職業的技能形成 formation を含めて広義に解そうとしていること,3)国民(親・学生・生徒)の教育行政への参加権を強化していること,4)旧来,初等教員養成と中等教員養成を別々の養成機関でおこない,教員の待遇において大きな格差があったのを,教師養成教育の一元化をはかり同一機関,教員養成大学院 Institut Universitaire de Formation des Maitre, IUFM(イウフム)で養成すること,等があげられる。なお,この法律において特異なことは「国は,今後10年間に同一年齢の8割がバカロレアの水準に達するように目標を定める」とする数値を示して到達目標を定めていることである。これはシュヴェーヌマン以来フランスの統治者が課題としてきた,欧州連合加盟諸国間の競争の激化に対応させ,労働市場における高水準資格所有者雇用需要予測に対応させる目的を継続していることを示す。

教育基本法の小学校教育関係の主要な改革は次の点である。

「学習期」cycle pédagogique の考え方の導入 幼稚園と小学校5カ年を一まとめにとらえ,それを,1:幼稚園クラスを第一学習期(2歳〜6歳児),2:幼稚園最年長児から小学校第2学年までの3カ年を基礎学習期,3:小学校第3・4・5学年を深化学習期の3サイクルに区分する。一学習期間(3カ年)の学級担任教師は持ち上がりとする。これは,児童を継続して指導することによって,学習の評価と教育課程の完全な習得を可能にするためであると説明されている。

授業時間編成の柔軟化 シュヴェーヌマン改革では教科が細分化されたが,ジ

ョスパン改革では教科はそのまま踏襲しつつ,各教科を3つの群(第1群:フランス語,歴史・地理,市民科;第2群:数学,科学・技術;第3群:体育・スポーツ,芸術教育)にまとめ,週当たりの授業時間は,従来より1時間減らし26時間とし,各群には最高・最低の配当時間が割り当てられ,合計26時間内で割り当て時間を学校が裁量決定しうるよう,時間割の弾力化が推進された。この措置も,生徒の学力実態に授業をあわせ,学業上の成功を確保するためである。

児童に修得させるべき能力 compétences の明確化 教育省発行の『小学校における学習期』は,各サイクルで,各教科で児童が修得すべき能力(学力)と「横断的能力」compétences traversales の内容を明らかにしている。横断的能力は,A)態度,B)空間・時間についての基礎的概念の構築,C)方法論的能力から構成され,これらがさらに細分されている。たとえば,A)は「人格の構築,自治〔自立・自律〕autonomie, 社会生活の学習」「知識欲と学習意欲」,C)は「記憶」「学習の方法〔仕方〕」「情報の扱い」である。

以上3つの特色は,子どもたちの8割がバカロレア資格の取得を目的に,小学校時代から教育水準を落とさず,子どもたちの学習のリズムを尊重し,子どもの(学力の)多様性に見合った柔軟な,弾力的な教育指導をするための方策である。

バイル教育大臣下の教育課程改革(1994年)

1989年のフランス革命200年祭以降,ベルリンの壁崩壊,湾岸戦争,ソ連邦崩壊,93年1月のヨーロッパ統合市場の発足と,ヨーロッパは激動の時代を迎えた。これらに平行し,フランスでは,政権をになう社会党の内部抗争が激化し,さらに同党の汚職への関与が表面化し,失業解消・生活向上を望む国民の社会党への期待が満たされず,1993年3月の総選挙では,社会党・急進左派は保守派に敗北した。

かくして,ミッテランは,保守ゴーリストの副総裁バラデュールを首相に指

名し，保革共存時代に入った。教育大臣となったのがバイル(F.Bayrou)である。保守中道派内閣の主要な教育政策は，市場原理・競争原理を公教育制度，とくに大学に導入するとともに，国内の保守層に迎合するために，今から150年も前の，私立(カトリック派の)学校への補助金を国費から支出することを定めた1850年のファルー法をさらに改定し，それを容易にすることであった。この政策は，93年12月に成立したものの，共和制の教育世俗性原則に抵触するものであり，民主的国民の当然の反対運動を引き起こし，それは94年1月まで尾を引きずった。

　94年1月以降，バイル教育大臣は，教員組合，父母団体，学生団体等と協議を重ね，6月16日，「学校改革のための新しい契約：158の決定」がバラデュール首相の名で発表され，ここでは，「真の不平等を軽減させ」「学校が多様性を尊重しなければならない」「人的資源の管理を効率よくする」こと等，7つの原理を示しつつ，学校の機能・役割を強調している。

　教育課程については，「学習指導要領は改訂される。それは，それぞれの学習期に対応し，教科内容が軽減され，基本的知識の習得に中心が置かれる。その際，学習期間と各種教科間のよりよい一貫性が追求されなければならない」とし，教科中，とくにフランス語学習(読み書き話し)に重点が置かれる。また，小学校では外国語が必修とされる。「外国語の学習は，それを早期に学ぶほど容易に学習される。1995年以降，小学校第2学年以降のすべての児童に対して，外国語の入門初歩が実施される。児童一人ひとりにたいする指導も導入される。「小学校では，指導付き学習の制度における個人学習への援助として，毎日その日の最後の30分間があてられ，教員がその指導を行う。」

　教育指導体制に関しては「学習上の困難を防止することが，学校の基本的役割である。教員，学校医，学校看護婦，学校心理専門員，治療士，ソーシャルワーカーと連絡を取り，早熟を探知し，検診を行い，困難に陥っている児童の検査を行うことを任務とする」とし，また，障害児の普通学級への統合教育が奨励されている。

こうした方針のもとで，1995年2月22日に，新たな小学校の教育課程と時間配当が教育省令として示されるが，ジョスパン改革での教科群制や時間配分の弾力化，学校(教師)の裁量制は形を変えて継続されている。

フレネの教育思想

1896年10月，南フランスの僻村の地に生まれたフレネ(Célestin Freinet, -1966)は，社会的上昇をはかろうとする民衆の家庭が，その子どもを小学校教師にするという当時のフランス社会の習いに従い，ニースの師範学校に入学するが，そこでの生活は第1次世界大戦の勃発によって中断させられる。徴兵され前線に送られるが，21歳の若者は1917年にドイツ軍との塹壕戦で砲弾の破片を体に受け，毒ガスにより喉と肺を冒された。療養のため各地の病院を転々とするが，健康は取り戻せない。3年間もの療養後，1920年身体的ハンディキャップを負いながら寒村の学校の助教員に任命される。元気な農村の子どもを相手に，声を大きく話すことも，長時間話すこともできない，情けない教師。この教師としての苦悩を克服するため，彼はラブレー，モンテーニュ，ルソー，ペスタロッチら教育学の古典に学び，教育研究運動から学ぼうとする。

教師としての力量を高めるため，フレネは1922年8月，スイス・モントゥルーで開催された国際新教育連盟(1921年創設)の第2回大会に出席する。この大会でフレネは，スイスの教育理論家，国際的な新教育運動の中心人物であり，主著の一つに『活動学校』を有するフェリエールに会う。フレネが信頼を寄せていた人物であった。この大会の印象を次のように語っている。

「だが，今度の十月〔の新学期〕になれば，私の教室の中では，私が敬愛する思想家の支持も精神的支えもなしに，私は独りぼっちになると思うと，私は絶望的になる。読んで理解した〔新教育の〕理論は，農村の私の学校には移植しえないのだから。実践可能なものは，スイスとドイツの新教育での幾つかの実践である。それは，生徒数が少なく，多種多様な教員助手が多くいて，私が忍ばなければならない教育条件に比べものにならない〔恵まれた〕条件で行われ

ている。……モンテッソリ女史,ドゥクロリー博士は医者で,スイスの心理学者たちは何よりも思想家で,デューイは哲学者であった。彼らは,世界がわれわれに課する新たな選択の緊急性について天才的に見抜いていた。彼らは,解放された教育という良き穀物の種子を風に飛ばしている。だが,種子に芽を出させるように土を耕すのも,結実期まで気遣ってこの植物に付き添って,若い植物を支え,それに水を遣る使命を持つのも彼らではない。彼らはこの世話を必然的に,組織も道具も技術もないのでその夢を実現できない基幹技術者〔教師のこと〕に委ねたのだ。」(M. Freinet, Elise et Célestin Freinet, Souvenirs de notre vie, tome 1 1896-1940, Stock, 1997, p. 83)

「このように国際新教育連盟に組織された新しい学校は,直接的にはプロレタリア学校を準備するものではない。これを禁じているものさえあるぐらいだ。しかしながら,われわれは注意深くこれを研究するだろう。なぜなら,新しい学校は教育科学の実験場であり,われわれはその有益さをよく認識しているからである。」(フレネ「プロレタリアの学校にむけて」『仕事の教育』(宮ヶ谷徳三訳)明治図書,1986年,106頁)

フレネは,子どもの心を引き付けることに苦心を重ね,学校に簡易印刷機を導入し(1924年),子どもの声や思いを印刷し,それを教科書として使用し,子どもたちを旧社会の軛から解放することに思い至った。こうしたフレネの実践は,伝統的教育を革新したいと願う教師たちの関心を呼んだ一方,農村の保守的権力者・ブルジョワジーの怒りを呼び,任地のサン=ポールの学校を退職することを余儀なくさせられる(「サン=ポール事件」1932〜33年)。子どもの親たちには惜しまれながら退職したフレネは,同じく教師である妻エリーズと共に,1935年に南仏の自然環境豊かな丘の村ヴァンスにフランスの自由学校といわれる私立フレネ学校を創設し,わずか15人の子どもとともに再出発した。そこは子どもの自由・自律・自発性を大切にし,子どもの興味・関心から出発して,子ども自らが学習計画をたてて学んでいく学校であった。当時としては先進的にプールを備えていた。当時の多くの新学校は短命であったが,さまざま

な困難を乗り越えたフレネ学校は今日，幼稚園・小学校低学年・高学年の3学級，3人の女教師と60人の子どもたちが楽しく生活するとても小さな学校である。1994年からはフランス唯一の国立の小学校となった。

　フレネは，教師の権威の象徴である教壇，子どもを見くだす教壇を教室から無くし，子どもと同一の目線に立った。おとなとは違う子ども独自の感じ方・考え方に沿って教育をすすめた。子どもの自由な表現を大事にし，子どもは感じたこと・考えたこと・経験したことを描き〔自由絵画〕，また，作文〔自由作文〕に綴った。作文は子ども自身の手で活字に拾われ印刷された〔学校印刷〕。版画の絵の添えられた作文集は，自分たちの学習材となったり，地域の人びとに販売し（この収入が紙代，インキ代，郵送料等になった）たり，遠隔地の学校と交換した〔学校間通信〕。送られてきたよその学校の自由作文を通してその地の子どもの生活やその地の自然・社会環境について学んだ。学校間通信の包みのなかにその地の名産やお菓子が同封されてきたとき，子どもは大喜びだ。時には，互いに訪問する交換＝交歓旅行をおこなった。こうした活動は社会科や理科の学習を豊かなものとした。子どもが興味をもったことを子どもたち自身で（時には親の協力を得て）研究し〔自由研究〕，みんなの前で発表した〔コンフェランス＝発表会〕。学校で学ぶだけではなく，地域の生活・自然を学びに，よく校外に出かけた〔散歩教室＝野天学校〕。フレネ学校の子どもたちは，椅子に座って頭だけで学習する座学ではなく，体と手を使って創造活動をおこなった〔活動学校・労作学校〕。教師が全員に一斉に教えるのではなく，子ども一人ひとりが自分の能力・興味に従い，自分で学習の計画をつくって〔学習計画表〕学んでいった。学校生活の規律は教師・学校が一方的に決めるのではなく，子どもたち自身で会議をもって話し合いで決めた〔学校協同組合〕。

　フレネは，このような教育実践に共鳴する教師たちとともに教育研究団体（「世俗教育の協同組合」CEL セーウーエル）を設立し，実践を交流し，学校印刷機・視聴覚機器・計画表等の教具・教材をも工夫し提供した。子どもの自学を容易にするため，フランス語や算数の「自己採点カード」等も工夫した。フレネ

(派教師たち)は，既成の知識や国家イデオロギーを子どもに詰め込むための教科書に対して拒否的であった。彼らは，教科書に代わる，子どもの知的関心・興味に対応し，子どもの思考に沿った読み物を編集した。これが，今日 1500 冊に達する小冊子「学習文庫」Bibliothèque de Travail(BT ベーテー)で，学校印刷と並んでフレネ教育のシンボルとして世界的に知られている。

　第 2 次世界大戦中，フレネは，ヴィシー政権の監視下に置かれるが，レジスタンス運動に加わり，フランスの解放に力を注いだ。1947 年には教育実践運動を開始し，東部フランスのディジョンで開催された戦後 3 回目の CEL の大会で，この運動団体名を ICEM (現代学校協同組合研究所，イセム)と変えた。「現代学校」とは，スペインで学校改革運動に努力し，保守派に殺害されたフェレル (Francisco Guardia Ferrer 1859-1909) が 1901 年にバルセロナに設立した学校の名称にちなんだものである。1949 年には彼をモデルにした映画『緑の学園』が作成され，日本でも上映され，多くの人に感銘を与えた。フレネ教育運動は，フランス国内で発展するばかりでなく，国際的にも知られ，FIMEM (現代学校運動国際連盟，フィメム)を結成し，世界中のフレネ派教師の国際的友好と連帯がはかられた。この大会は 2 年ごとに開かれ，1998 年には日本で開催されている。日本でのフレネ教育の実践は，1980 年代から本格的に展開され，今日に至っている。

参考文献
フェリエール『活動学校』(古沢常雄・小林亜子訳)明治図書，1989 年
フレネ『仕事の教育』(宮ヶ谷徳三訳)明治図書，1986 年
小林順子編『21 世紀を展望するフランス教育改革』東信堂，1997 年

4 **ドイツ**(ワイマールの学校妥協，東西ドイツの教育改革)

　近現代のドイツ国家は激動した。ビスマルク帝国 47 年(1871～1918 年)，ワイマール共和国 15 年(1918～33 年)，ヒットラー・第三帝国 12 年(1933～45 年)，ドイツ民主共和国(東ドイツ)45 年(1945～90 年)，ドイツ連邦共和国(西ドイツ)は 1990 年に東ドイツを吸収合併して今日まで 54 年という具合である。日本では到底想像できない国家の盛衰，激動である。しかも，どの国家もイデオロギー国家であり，いきおい教育改造運動もイデオロギーがらみにならざるをえなかった。

ワイマール共和国
　20 世紀ドイツの教育改造運動の推進力は，まず第 1 に社会主義勢力である。すなわち社会民主党と共産党である。社会民主党は 1912 年ドイツ帝国議会で第一党になった。1914 年に第 1 次大戦開始に賛成した。1918 年 11 月革命が起こり，第 1 次大戦は終結し，ワイマール共和国が生れた。社会民主党は共和国の大統領，首相を独占し，議会制民主主義を積極的に維持擁護した。
　しかし，この議会制民主主義に敵対する 2 つの勢力があった。共産党とヒットラー・ナチズムである。共産党は社会民主党をヒットラーより悪質な「社会ファシズム」とみなし「主要打撃論」の対象とした。
　ワイマール共和国の弱点は，共和国議会選挙が比例代表制で，小党が乱立したことである。そのため社会民主党は終始第一党であったが過半数をとれず，常に連立政権にならざるをえなかった。議院内閣制の 11 年間の 15 内閣で，社会民主党が首相を出したのは 5 内閣，閣僚を出したのは 3 内閣，計 8 内閣である。どの内閣もブルジョア政党(民主党)と宗教政党(中央党，カトリック派)と連立した。これでは社会民主党は社会主義的教育理念を貫徹することはできず，この両党に妥協せざるをえなかった。その典型的な例が，ワイマール憲法

(1919年)の教育条項である。これは普通「ワイマールの学校妥協」といわれている。

憲法第145, 146条および「基礎学校法」(1920年), それに慣行をまじえ学校制度は次のようになった。義務教育は全日制の民衆学校の8学年とそのあと定時制補習学校で18歳までとなっている。全日制民衆学校8学年のうち下級4学年はすべての者の共通課程で基礎学校である。そのあとは3分岐して大多数の子どもの行く4年制の民衆学校高等科と中間学校, ギムナジウムである。この4年制基礎学校の導入は, これまでブルジョア階級の子弟が民衆学校でなく予備学校を経て直接ギムナジウムに進学していたコースを禁止したものであり, きわめて進歩的民主的な改革であった。

しかし問題はこの4年制基礎学校を維持できるかどうかである。これはなし崩し的に後退してしまうのである。すなわち1923年の「規定」で基礎学校3年でギムナジウム進学が可能となり, 1927年には私立予備学校の廃止は棚上げになってしまった。すなわちワイマール共和国の学校改造は何ら成果なく戦前に逆行してしまったのである。

宗教教育についていえば公立民衆学校でも宗派別学校の設置を認め(憲法第146条),「宗教教授を学校の正課科目」とし, その授業への出席の賛否を親権者にまかせた(憲法第149条)。1927～28年全公立民衆学校の83%が宗派別学校であった。宗教教育の面でも戦前と変化はなかったのである。これが社会民主党を主導力とする教育改造運動,「ワイマールの学校妥協」の実態である。

学校制度改革がはかばかしくなかったのに対し, 教育内容, 方法の改革は大きな成果をあげた。いわゆる新教育運動であり, ドイツでは改革教育学と呼ばれた。ここでは詳述できないので簡単に紹介しておこう。

田園教育舎運動のH. リーツ, G. ヴィネッケン, P. ゲヘープ, 共同社会学校運動のイエナ・プランのP. ペーターゼン, 自由ヴァルドルフ学校のR. シュタイナー, 作業学校運動のG. ケルシェンシュタイナー, H. ガウディヒ, 芸術教育運動のA. リヒトヴァルク, 合科教授運動のB. オットー, ライプチ

ッヒの郷土科直観教授をコアとした合科教授，社会主義的傾向をもつ徹底的学校改革同盟のP. エストライヒなどである。これらの運動はドイツを発祥地として新教育運動として世界にひろがり，教育史にその名を残すことになった。

ヒットラー・第三帝国

　1933年ヒットラーは政権を獲得するや一党独裁を開始し，すべての社会制度に均制化（Gleichschaltung）政策を展開した。均制化とはドイツ民族の指導者の命令に絶対服従し，ドイツ民族共同体を建設しようとするものである。この政策思想は議会制民主主義の否定，反共主義，ユダヤ人排撃，他民族蔑視である。この均制化政策は教育界をも貫いていく。そしてワイマール共和国時代が残した課題をたちどころに解決していった。

　1936年法律によってすべての公私立の予備学校を廃止し，すべての者を基礎学校に入学させることにした。また宗教教育は極力減縮した。単独の宗派学校は共同宗派学校にし，その宗教教授の時間を減縮したのである。

　これらの政策は一見進歩的である。しかしそれは真に進歩的ではない。ナチズムという新しい宗教，イデオロギーを注入する方便にすぎない。民衆学校はじめ全学校でドイツ民族の優越性を自覚させるため遺伝学，人種学，地政学など反動的似非科学が教えられた。歴史，国語，体育などではナチズムの世界観が教えられた。

　ヒットラー・ナチズムの教育思想を端的に体現した学校は次のようなものである。1933年設立の民族政治教育学院（通称ナポラ，10～18歳，全寮制，突撃隊，親衛隊，警察の幹部養成），1937年設立の「アドルフ・ヒットラー学校」（12～18歳，ナチス党幹部養成），「オルデンブルグ」（上記2校の卒業生の中から選抜されたエリート養成，3年制）。

　しかし，これらの学校は1945年のヒットラーの破滅までの僅かな生命だった。

4 ドイツ 101

西ドイツ(ドイツ連邦共和国)の教育改革

 1945年5月7日ヒットラー・ドイツは米英仏ソの連合国に敗れ,4カ国に分割占領された。1949年米英仏占領地域の西ドイツはドイツ連邦共和国(11州)となり,ソ連占領地域の東ドイツはドイツ民主共和国となった。分裂国家になったのである。

 西ドイツはドイツ連邦共和国基本法(憲法,1949年)により教育に関する立法権限は州(ラント)にまかせることにした(第73,74条)。

 すなわち,日本とちがい徹底した教育の地方分権である。各州には文部大臣がおり,そして各州は政治的,経済的,宗教的事情がそれぞれ異なっていた。したがって各州の教育政策,制度もさまざまにならざるをえなかった。

 西ドイツ各州は,大体において義務教育は8年,学校制度は基礎学校4年,その上から3分岐している。この3分岐制は日本の単線型学校制度とはまさに対照的である。3分岐の第1は基礎学校の修了者の大多数が行く4年制の民衆学校高等科,第2は6年制の中間学校,第3は9年制のギムナジウムである。しかしこれは「大体において」だけであり,子細にみれば大分ちがっている。たとえば基礎学校を6年制にしていた州が4州もあった。(このうち1998年現在6年制をとっているのはベルリン(州)だけである。6年制をとったのは社会民主党が強かった所,時である。)

 このような教育政策,制度の千差万別を調整するため1946年に常設文相会議を設置した。これは1955年デュセンドルフ協定を結び,各州における学年の始期,中等学校の名称,年限,履習教科目を統一した。

 1959年教育制度委員会(1953～65年)は「普通教育公立学校制度の改造と統一化に関する大綱計画」(通称ラーメン・プラン)を提出した。これは第5,6学年を3分岐制学校への適性をみる期間として促進学級とすること,基礎学校の上の4学年(民衆学校高等科)を中等教育段階とみなし基幹学校と呼ぶこと,今までの中間学校などを実科学校と呼ぶこと,義務教育を9～10年に延長すること,を提案した。これらの提案は1966年ハンブルグ協定で実現した。これは戦後

初の教育改革であり，日本が1947年に教育改革をしたのと比較すると20年もおそく，それだけにきわめて慎重であるといえよう。

このハンブルグ協定で最初の教育改革は実現したといっても全州一様というわけではない。基幹学校，実科学校の名称は一応一様に採用されたが，促進学級を採用したのはヘッセンだけ，義務教育を10年制にしたのはベルリンとノルトライン・ヴェストファーレンだけ，あと7州は9年制という具合である。

1970年ドイツ教育審議会(1965年，設置)は「教育制度に関する構造プラン」を提出した。これは3分岐学校の選択の期間として第5,6学年にオリエンテーション段階を導入することを提案した。1974年常設文相会議は「オリエンテーション段階に関する協定」を結び，実施に入った。しかしこれも全州一様というわけにはいかなかった。ヘッセンはすでに促進学級をおいているので導入しない。

バイエルン，バーデン・ヴュルテンベルクは導入しない。ベルリンは基礎学校が6年制であるのでその第5,6学年を充当する。ブレーメン，ニーダー・ザクセンはオリエンテーション段階を独立の学校とした。その他5州は現行中等学校に付設した，という具合である。

オリエンテーション段階を入れても分岐の時期が第6学年に延期されるだけで分岐制の欠陥(早期選別，進路修正の困難)が本質的に解決されるわけではない。そこで総合制学校(Gesamtschule)の思想が登場してくる。これには2種類あり，第7学年から3分岐とするが相互に協力する協力型総合制学校，もう一つは第10学年まで分岐しない統合型総合制学校がある。1964年ハンブルグ協定で実験を開始し，1982年に報告書を出した。この報告書は在来の3分岐制学校制度との優劣について評価をしていない。これが普及をさまたげている原因のようである。そのため総合制学校は3分岐制と並ぶ第4番目の学校制度になってしまっている。1991年統合型総合制学校に通学している生徒は僅か7.6%にすぎない。

さて上に戦後西ドイツの教育改革の動向をみてきたが，そこで問題となった

のは次の諸点であった。①義務教育の年限（9〜10年），②基礎学校の年限（4〜6年），③基礎学校修了者の3分岐制学校への適性者の選別（促進学級，オリエンテーション段階）であった。

　しかしこれらの問題も徹底した教育の地方分権により解決もさまざまであったといえよう。ここで注目されるのはワイマール共和国時代にあった宗派別学校（民衆学校の83％）の問題である。西ドイツは戦後50年の間絶えず難民が増大し，宗派の混在がすすみ，宗派別学校の問題は稀薄になってしまったのである。

東ドイツ（ドイツ民主共和国）の教育改革

　東ドイツではドイツ民主共和国が存立していた45年間に3回の教育改革をした。第1回は1946年の「ドイツ学校民主化法」，第2回は1959年の「ドイツ民主共和国学校制度社会主義化法」，第3回は1965年の「統一的社会主義教育組織法」である。

1946年「ドイツ学校民主化法」

　ソ連軍占領下共産党は主導的政治勢力であったが，まだスターリン主義ではなかった。すなわち戦後改革は反ファッショ民主主義改革だったのである。この1946年法はワイマール共和国時代の教育を解体したが，まだ社会主義教育ではなく徹底したブルジョア的教育改革といえよう。学校制度は義務教育としての8年制統一学校，その上から2分岐制となり，一つは3年制定時制義務教育の職業学校，もう一つは4年制の高等学校となった。宗教教育は完全に学校から排除された。

1959年「ドイツ民主共和国学校制度社会主義化法」

　1949年東西冷戦開始とともにドイツ民主共和国が成立した。1951年第1次5年計画開始，1952年農業の集団化開始，州制度を廃止して郡県制を開始，すなわち「社会主義の基礎の建設」であり，スターリン主義の開始である。

　1959年法はこれと連動したものである。その中核は10年制高校と総合技術

教育の導入である。資本主義社会の教育と社会主義社会の教育の分水嶺は総合技術教育である。総合技術教育の導入は社会主義教育の開始を意味するのである。10年制高校は都市と農村の重点地区から設置が始まり，1964年秋までの達成がめざされた。総合技術教育は1956年から実験が始まり，1958年から導入された。

1965年「統一的社会主義教育組織法」

1963年社会主義的生産関係が確立し，すなわち「社会主義の基礎の建設」は完了し，いまや「社会主義の総合的建設」の段階に入った。しかし社会主義社会における生産力，生産性は向上しなかった。世界的規模で進行する技術革新に立ちおくれてしまったからである。

この技術革新に対応する社会主義の教育改革，それが1965年法である。それはすべての子どもにとっての統一学校である「10年制一般教育総合技術高等学校」の確立である。この学校が真正の社会主義教育の理念を体現したものならばドイツ教育史上において最高の達成である。しかし現実はちがっていたようである。

この社会主義はスターリン主義によって毒されていた。したがってその教育は矛盾だらけだったといってよい。たとえば平和教育，防衛教育といいながら，実際は軍事教育をしていたのである。この軍事教育に宗教的理由で参加を拒否した青少年のデモは1982年から始まるが1989年には途方もなく拡大してしまった。1989年9月中旬から大量の青少年がハンガリー国境をこえて西ドイツに逃れた。かくて1989年11月9日「ベルリンの壁」は崩壊し，ドイツ民主共和国は消滅した。スターリン主義的社会主義教育は社会主義祖国を愛し，それを維持発展させる気概をもった青少年を育成できなかったのである。

東西ドイツの統一

1990年10月3日東ドイツは西ドイツに吸収合併された。東ドイツは郡県制を廃し，もとの自治的な州制度を復活した。復活した5州はそれぞれ学校法を

制定し，西ドイツをモデルにした教育改革をし，新しい学校制度をつくりだした。

　基礎学校についていえば，ブランデンブルグだけが6年制，他の4州は西ドイツと同じ4年制である。

　中等教育学校についていえばギムナジウム卒業まで13年（西ドイツと同じ）になっているのはブランデンブルグだけ（基礎学校6年，ギムナジウム7年）。あと4州は12年（西ドイツより1年短い，基礎学校4年，ギムナジウム8年）である。

　西ドイツと同じ3分岐制（ギムナジウム，実科学校，基幹学校）をとったのはメクレンブルク・フォアポンメルンだけである。他の4州はギムナジウムともう一つの中等教育学校の2分岐制である。この中等教育学校の名称はそれぞれ異なっており，ザクセン中間学校，ザクセン・アンハルト中等学校，チューリンゲン通常学校，ブランデンブルグ総合学校という具合である。東ドイツの教育は中央集権から一挙に地方分権に転換し，急速に教育改革を展開したといえる。

参考文献
梅根悟監修『世界教育史大系12　ドイツ教育史Ⅱ』講談社，1981年
C. フュール『ドイツの学校と大学』（天野正治他訳）玉川大学出版部，1996年
天野正治ほか編著『ドイツの教育』東信堂，1998年

5 ロシア(クルプスカヤ,マカレンコ,ペレストロイカ時代の教育)

ロシア革命とクルプスカヤの教育思想

1917年10月のロシア革命は,労働者・農民が旧支配階級から権力を奪取し,世界最初の社会主義国建設へと向かう道を切り開いたものであり,その成り行きとともに,この国での教育のあり方についても大きな関心が世界中から寄せられた。なにしろ革命前のロシアは,ツァーリズム(ロシア帝政)の愚民政策のために文化のいちじるしく遅れた後進国であり,男子の約70%,女子の約90%が文盲であった。1906年当時住民1000人に対する初等学校の生徒数は,先進国アメリカ210人,ドイツ160人に対しヨーロッパ・ロシアで40人にとどまり,日本(明治39年)の110人と比べても半分に及ばなかった。

「人民大衆が教育・光明・知識のうえでこれほどの収奪を受けている野蛮国は,ヨーロッパではロシアを除いてただの一つも残っていない」とレーニンは書いている(「教育省の政策について」1913)

革命の翌年制定の「ロシア社会主義連邦ソビエト共和国憲法」(18年7月)には,「知識を現実に得ることを勤労者に保障するために,ロシア社会主義連邦ソビエト共和国は,完全で全面的な無償の教育を労働者と貧農に与えることを自らの任務とする」(第17条)とうたわれている。「教育を受ける権利」が世界の憲法史上最初に明文化されたのは1936年のソビエト憲法とされているが,勤労人民の権利の一つとして教育を受ける権利を保障するという考えは革命当初から宣言されたのである。

この18年憲法の直後に出された「ロシア共和国単一労働学校に関する規定」(18年9月)は,高等教育施設をのぞいてすべての学校を「単一労働学校」と呼び(第1条),革命前に存在した身分制的な多種類の学校制度を単一のものに統合する民主的な制度改革案を示した(第2条)。すなわち,初等・中等学校は,二段階の単線型学校(第一段階8~13歳,第二段階13~17歳の5-4制)とし,さら

に「学校教育の基本原理」として次のことを規定している。

「学校生活の基本は生産的労働でなければならない。……生産的労働は，身のまわりの生活のすべてを知識の光で照らす教授-学習と密接有機的に結合されなければならない。また，生産的労働は，たえず内容を高め，子どもの生活環境で直接的に把握できるものの範囲から抜け出すようにして，ありとあらゆる形態の生産を最高水準のものにいたるまで，子どもたちに教えていくものでなければならない。」(第12条)

「労働学校における教授-学習は，両段階とも普通教育的・総合技術教育的な性格をもつ。それとともに，体育および美育が重要な位置を占める。」(第13条)

このようなロシア革命直後の社会主義教育建設において指導的役割を果たした人物として，レーニン(1870-1924)とともにクルプスカヤ(Н.К.Крупская 1869-1939)をあげなければならない。クルプスカヤは，シベリヤ流刑および国外亡命生活をレーニンと共にするなかで教育学の研究をはじめ，1915年にはマルクス主義の立場で書かれた最初の教育書とされる『国民教育と民主主義』を書き上げている。17年の革命後は，教育人民委員部(文部省)の参与会委員や次官となってソビエトの社会主義教育建設の最高指導者の一人となり，ソビエト教育学の建設と発展に重要な貢献をした。

「ブルジョア国家においては，学校は広範な人民大衆を精神的に奴隷化する道具である。……一言でいえば，国民学校の任務は，生徒たちにブルジョア的モラルをしみこませ，かれらの階級的自覚を麻痺させ，かれらを統治しやすい従順な群集にしたてることである。」

クルプスカヤの教育研究は，まず資本主義社会の学校やブルジョア教育学の批判に向けられ，労働者階級の立場に立ってブルジョアジーのおこなう階級的教育をこのように痛烈に批判した。「そこでは，生徒たちは机におとなしく座り，教壇で教師が話すことを聞いていた——生きた現実とは極めて薄い関係しかもたない書物の知識のほかには何も教えず，生徒たちの個性は極力押さえつけられ，厳格な外面的規律によって，生徒たちは教えられる無数の知識をのみ

こむ何か機械みたいなものにされてしまっている。」(『国民教育と民主主義』)

このような「詰め込み学校」に対してクルプスカヤが対置したのは「労働学校」であり、前者が後者に変わることの歴史的必然性を、マルクスの思想に学びながら追究した。資本主義社会で発達する大規模工業の本質そのものが、労働に対して一般的な能力をもち、総合技術的な教養を身につけ、どんな機械でも操作することができ、作業のどんな過程でも理解している全面的に発達した労働者を要求するというマルクスの思想である。クルプスカヤたちはこの思想に基づいて、革命後のロシアで直ちに「労働学校」の建設に着手した。

この労働学校における社会主義教育の目的を、クルプスカヤは次のように規定している。「意識的で組織的な社会的本能をもち、全一的なよく考えぬかれた世界観をもち、周囲の自然や社会生活のなかで生起するすべてのことをはっきり理解できる全面的に発達した人間の教育、肉体労働にも精神労働にも、あらゆる種類の労働に対して理論のうえでも実践のうえでも準備されており、合理的な、内容豊かな、美しくて楽しい社会生活を建設することのできる人間の教育である。社会主義社会にはこのような人間が必要である。こういう人間がいなければ、社会主義は完全には実現しえない。」

このような全面的に発達した人間の教育においてとくに重要視されたのは、総合技術教育(ポリテクニズム)である。ポリテクニズムの思想は、クルプスカヤが『国民教育と民主主義』のなかで明らかにしたように、17, 8世紀にさかのぼる近代の古典的民主主義教育思想を受け継いでマルクスが明確に打ち出したものである。それを現実の学校で実践する課題を最初に担ったのはソビエトの学校と教師であり、その実践の指導にもっとも重要な役割を果たした指導者の一人がクルプスカヤであった。ポリテクニズムとは何かについて、彼女は次のように規定している。

「ポリテクニズムというのは、技術をそのさまざまな形態において、その発展とそれのあらゆる媒介物のなかで研究することが基礎になった全き体系である。……ポリテクニズムは、何か特別の教科ではない。それは、あらゆる教科

に浸透しなければならないものであり,物理でも化学でも,理科でも社会科でも,教材の選択に反映しなければならない。それら教科の相互の結びつき,それらと実践活動との結合,特にそれらと労働の教授との結合が必要である。このような結合のみが,労働の教授に総合技術的性格を与えることができる。」

クルプスカヤが,ソビエト教育の発展に果たしたもう一つの重要な業績は,ピオネール運動を中心とする子どもの課外活動,校外活動の基礎づけ,またそのことを通して集団主義教育の理論づけをしたことである。ピオネール組織は,「新しい人間,すなわち,共同して生活し労働することができ,自分のことをみんなのことと切り離さない共産主義者,明晰な頭脳と情熱的な心と巧みな手と高度に発達した内面的規律をもった人間を育てる。」

集団のなかで生活し,労働する能力を,子どもたちの自主性・創造性が十分に尊重され,かれらの心をひきつけ,興味を起こさせる活動のなかで育てることに児童運動の課題はある。こうした児童運動と学校での知識の系統的学習とが結びつくことによって,教育と実生活との結合は真に可能となり,青少年の教育が,社会主義建設の重要な一翼を担うことができることをクルプスカヤは主張したのである。

マカレンコの集団主義教育論

ソビエトの集団主義教育は,わが国では,クルプスカヤよりもマカレンコの名と結びつけてより多く理解されている。アントン・セミョーノヴィッチ・マカレンコ(А. С. Макаренко 1888-1939)は,ウクライナの労働者の家庭に生まれた。都市学校およびそれに付設された1年間の教職課程をおえて1905年に鉄道学校の教師となったが,その学校は折からの革命運動の一拠点であって,マカレンコはそこに集まる先進的な労働者や教師たちとともにこの運動に積極的に参加した。

マカレンコの教育思想の形成過程にもう一つの重要な影響を与えたのは,マクシム・ゴーリキー(1868-1936)の文学であった。マカレンコ自身に文学的才能

があり，後にいくつかの教育小説を書いているが，その間かれはゴーリキーとたびたび文通を交わし，ゴーリキーの楽天的な社会主義的ヒューマニズムの精神に大きな影響を受けている。

1914年マカレンコは，ポルタワ師範学校に入学し，17年金賞をもらって卒業したが，20年9月，浮浪児や法律違反者を収容する教育施設（労働コローニヤ）の主任に任じられた。後にマクシム・ゴーリキーの名がつけられたこのコローニヤでマカレンコは，親や兄弟からも見捨てられ，心のすさんだ少年たちをソビエト社会の立派な市民に育て上げる実践をおこなった。その8年間にわたる教育経験は，かれの代表作『教育詩』(1933-35)にくわしく描かれている。

1927年6月からマカレンコは，ハリコフ市郊外の「ジェルジンスキー記念児童労働コムーナ」の創設に参加し，後にその主任となって35年までそのコムーナを管理した。ここでは，ソビエトで最初の写真機生産工場，電気ドリル工場を生徒の労働によって経営するなど，青少年の集団的教育と生産労働とを結合する社会主義教育を実践した。この経験は，かれの作品『塔の上の旗』(1938)に描かれている。35年7月からマカレンコは，ウクライナ共和国内務人民委員部労働コローニヤ課長補佐となり，37年にはモスクワに移って文学活動や各地での講演等の社会教育活動に従事したが，39年病死した。

マカレンコは，「集団における，集団を通しての，集団のための教育」を，かれの教育の理想的形式と考え，いわゆる集団主義の教育を主張した。集団主義は，個人主義に対立するものであるが，全体主義と同じではない。全体主義は，個人の自由を否定し，圧殺しようとするが，集団主義は，集団こそが個人の自由を保障するという立場をとる。マカレンコは次のように語っている。

「私たちの規律の論理は，規律が個々の人格を，個々の人間をよりよく庇護された，より自由な状態におくということを主張する。規律が自由だというこの逆説的な命題が，私たちのところでは，子どもたち自身によって容易に理解されたし，実際の場面でも子どもたちはこの逆説を思い出し，そのたびにそれが正しいという確証を得た。」(『ソビエト学校教育の諸問題』1938)

マカレンコの集団主義教育は，集団への働きかけを重視するが，それは個人を無視するのではなく，逆に個々の人間にもっともよく働きかけうる道として集団の教育力を利用するのである。本質的には，まさに個人に対する働きかけであるのに，形式の上では集団のみを相手にして個人を相手にしないこのやり方を，マカレンコは「並行的教育作用」と呼んだ。そこには，子どもの主体性とか自主性を尊重する近代の教育思想が生かされており，個人主義の単なる否定ではなく，それの止揚・発展としてとらえることのできる要素がある。

　マカレンコが，「わたしの教育経験からのいくつかの結論」(1938年10月)のなかで述べた有名な教育原則は，「人間に対するできる限りの要求，それとともに人間に対するできるかぎりの尊敬ということ」であった。この「尊敬するからこそ要求する」というマカレンコの教育原則は，それまでの新旧の教育思想においてとかく対立的にとらえられてきた自由と規律，要求と尊敬，子どもの自主性と教師の指導性などを統一的にとらえ直す質的に新しい教育原則として評価することができよう。

　マカレンコは，子どもに要求を出すことから集団づくりを始めているが，児童集団の発展に3つの段階を設定している。(1)教育者が組織者として児童集団の前に断固とした要求をもって立ち現れる段階。(2)教育者の要求を支持するとともに，自分たちの要求をも出すことのできるアクチーフ(積極分子)のグループが形成される段階。(3)教育者に代わって集団が教育の主体として要求を出す。集団に機関が確立され，伝統が根をおろし，集団が一定の調子とスタイルをもつ段階である。

　マカレンコのいう「集団」(コレクチーフ)は，このような教育の目的的概念であって，単なる個々人の集合としてのグループではない。「集団—それは組織されており，集団の機関をそなえている個人たちの目的志向的な複合体である。集団の組織があるところには，集団の機関があり，集団の代理者である全権委員の組織がある」と規定している。マカレンコのこのような集団づくりの理論は，戦後わが国の生活指導運動に大きな影響を与えた。全国生活指導研究

協議会の教師たちによって研究され，実践された学級集団づくりや全校集団づくりは，マカレンコの集団組織論から学ぶところが多かったのである。

ソビエト教育のペレストロイカと「協同の教育学」

　1980年代後半にゴルバチョフ（ソ連共産党書記長）の始めたペレストロイカ（建て直し）は，米ソの冷戦構造を終焉に導き，東欧諸国の劇的な政変を引き起こすなど国際関係の上では世界史的にも画期的な成果をあげた。しかし，国内的には経済改革の行き詰まりをはじめとして数々の困難に直面し，ついにソ連邦解体という事態を招いてしまった。ペレストロイカは「上からの革命」だといわれたが，70年に及ぶ一党独裁の下でのソビエト社会主義経済を市場経済へと転換させる経済の大改革をはじめとして，政治，教育，文化など社会のあらゆる分野にわたっての刷新を上から推し進めようとしたところに，ペレストロイカの基本的矛盾・困難性が根ざしていた。保守派の強い抵抗もあったが，とりわけ生産の停滞，流通の麻痺，物価の急上昇といった経済事情の悪化が労働運動の激化や民族紛争を呼び起こし，ついにはクーデタ，そしてソ連邦解体という未曾有の激変を引き起こしたのである。

　このペレストロイカの時代，1987年頃から90年代初頭にかけての約5年間に教育の分野で展開された改革の試みは，われわれにとっても大変興味深いものがある。というのは，それまでの教育の「画一性，官僚主義，権威主義，中央集権主義」を批判し，「民主化，人間化，個別化，多様化，自治，民族文化や地域の文化的伝統の尊重」といったことが声を大にして強調されたのだが，これら教育のペレストロイカにおいて鍵概念となったものは，戦後，とりわけ最近，わが国の教育改革で追究されてきたものと共通するものが多いからである。

　教育分野におけるペレストロイカが本格的に始まったのは，88年2月ソ連共産党中央委員会総会で審議されたリガチョフ報告からのことである。教育行政の非民主制，中央集権制，官僚主義を批判し，国民教育制度全般の断固たる

改革の方針を提起したこの報告に基づき,その後直ちに教育関係省庁の統合,国民教育国家委員会の創設をはじめとして,学校管理・教育行政の民主化をはかるための学校ソビエト(協議会)や各地区の国民教育ソビエトの創設など,まさに「上からの革命」がすすめられた。しかし,このリガチョフ改革は,結局は中途半端なもので,新しい省庁の主要ポストは停滞の時代の指導者が横滑りしただけ,学校ソビエトの創設なども,旧権力との闘争なしには単に「民主的」という隠れみのをつくるだけで,従来の官僚機構がそのまま温存されることが多かった。ソ連教育科学アカデミーの改組について見ると,「無能で,民主的でない」と評判の悪い研究活動の根本的改造とともに,終身任期制のような非民主的制度を改める必要がリガチョフ報告でも述べられていたのだが,89年2月におこなわれた教育科学アカデミーの改組と会員選挙では,予想に反して単に空席を埋める補欠選挙と若干の組織改編がおこなわれたに過ぎず,根本的建て直しには程遠いものだった。

　従来の省庁を統合して新設された国民教育国家委員会は,革新派の教師・学者によって構成された「臨時科学研究者集団」を設置し,新しい中等普通教育学校の構想案を作成させた。88年8月に発表されたその構想案によれば,新しい学校の基本的理念は「発達」であり,子どもの発達を妨げている障害を除去し,子どもの発達をできる限り促すような教育システムを建設することが最大の課題とされた。そのために必要なのは,学校の民主化と人間化,教育諸活動のペレストロイカ,および国民教育管理のペレストロイカであるとして,学校改革の基本方向を示している。学校の「民主化と人間化」とは,次のようなことである。

　学校の民主化――それは,学校ペレストロイカの目的であり手段であり,後戻りさせない保障である。学校の管理システムを変えるだけでなく,民主化は学校生活の全側面,その精神,内部構造に浸透しなければならない。教育民主化の第一歩は,学校を国家機関として見る中央集権的見方,そのステレオタイプの克服である。学校は,国家機関でなく,社会的・国家的制度として,学校と

社会との分離を克服しなければならない。

　学校の人間化——現代の学校の基本的欠陥は，個性無視である。人間化とは，学校が子どもの方に向きを変え，子どもの人格を尊敬し，子どもを信頼して，子どもの個人的目的・関心・興味を受け入れることである。「一人ひとりの自由な発達が，すべての人々の自由な発達の条件なのである。」

　このような学校改革は，上からの掛け声だけでは実現しない。「上からの革命」であるペレストロイカは，下からの革命によって補完されなくては成功しないだろうというのは，当初から衆目の一致するところであったが，ソ連の教育界にもそのような草の根的な動きは実際に芽生えていた。「エフリカ（発見法）」と呼ばれる若い教師の団体（クラブ）が各地に発生し，87年秋の段階で全国に400以上の加盟組織があった。日本の民間教育研究団体のサークルに相当するものと思われるが，同年秋にクイビシェフ市の教師クラブの呼びかけで開かれた「パノラマ授業研究会」には遠くのラトビア共和国や白ロシアなど他地域からの参加者200人を含め数百人の教師が自主的に集まり，三日三晩，熱気あふれる授業の研究・討議がおこなわれた。中央の教育省とかアカデミーが少しも関与しないこのような教師の自主的研究会の開催は一年前にはまったく考えられないことだったのである。

　ペレストロイカの時代に下からの教育改革としてもっとも有名になったのは「協同の教育学」の教師たちである。そのリーダーたちは，以前からそれぞれの職場で革新的実践をおこなっていたのだが，ペレストロイカの潮流に乗って全国的に有名となり，『教員新聞』の後援もあって時代の申し子ともなった。「協同の教育学」という名称もリーダーたちの最初の会合（1986年9月）でつくり出されたもので，子どもと教師との協同によって成り立つ教育や授業を創り出すというのが主要な意味である。その最初の会合で「協同の教育学」の基本原理とされたのは次のようなものである。

　① 授業は，教師と生徒との協同活動であり，協同の事業であるべきである。
　　教師と生徒との間の人間関係の変革が必要であり，相互の尊敬と信頼に基

づいて集団的創造的学習活動に立ち向かうべきである。
② 授業で落ちこぼれの生徒をつくらない。できる子だけでなく，できない子にも学習の成功と前進の喜びを与え，学習そのものに対する興味や意欲を呼び起こす。
③ 強制による学習を排除する。テスト，点数によるおどしを一切やめる。
④ 困難を克服できるという自信を生徒に与えるために「難しい目標」を立てる。
⑤ どんなにできない生徒にも問題解決の手がかりを与え，助けとなる「支援」を工夫する。
⑥ とくにできる生徒の発達を促進する「先回り」の学習を用意する。
⑦ 教育内容の「大ブロック化」によって，生徒の学習負担を軽減するとともに，重要な概念や原理の習得を助ける。
⑧ 課題選択の自由を生徒に与え，自分のやりたいことをやらせる。

「協同の教育学」は，ここに見られるように，狭義には，教育の方法や技術の実際的教育学を意味する。しかし，広義には，それは民主主義の教育学であり，教育学革新のイデオロギーであるといわれた。すなわち，学校の教育活動全体の革新をはかるものであり，教師の創造性を発揮させ，学校と社会とを協同の事業（ペレストロイカ）に結びつけようとしたのである。88年9月に開かれた第4回会合には実験家教師だけでなく教育科学アカデミーの革新派の学者や『教員新聞』の編集部も加わって「新しい学校へ前進しよう」というやや総括的な報告がまとめられた。

「学校は，既成の知識の配給所ではない。学校の第一の課題は，子どもの発達であり，子どもが知識をもらうのではなく，自分で手に入れることができ，また，そのことを望み，技能や習熟を獲得することができるようにすることである。協同の教育学は，発達の教育学であり，人間的教育学である。」

「発達を促す授業は，既成の真理を教える授業ではなく，真理探究の授業である。その特徴は，生徒たちに自分の知識ばかりか，教師のいうことにさえ疑

いをもたせることにある。疑問から探究や創造が始まる。疑問こそが興味を呼び起こし，興味の発生を示す。

　通常の学校は，答えを教える。

　発達の学校は，問いを教える。

　発達の学校には，（通常とは）異なる教科内容，そして多分異なる教科が必要となる。もちろん，新しい教育課程，新しい教科書も。」

新生ロシアの教育改革

　1991年12月末，ソ連邦は消滅し，ロシア連邦が独立したが，約120の民族からなる1億5000万人近くの人口を抱える大国ロシアでは，社会・経済・政治のあらゆる面で新体制確立に向けてさまざまな模索が続いている。教育の分野では，社会主義イデオロギーが払拭されたものの，ソビエト時代末期におこなわれた民主化・分権化・多様化をキーワードとする教育のペレストロイカの方針が継承され，市場経済体制への移行に対応した学校制度や教育内容の多様化がいっそう推進されている。

　ペレストロイカ開始以前のソ連では，77年から後期中等教育が義務化されていたが，中等普通教育学校のほかに中等専門学校，職業技術学校という3種類の学校が併存していたため，学校間格差の増大と普通教育・大学進学偏重の下でのドロップアウトの問題が深刻化していた。84年の改革では，中等普通教育と職業教育とを合わせおこなう中等職業学校への進学者を倍増させるとともに中等普通教育学校でも初級職業資格の取得を義務づけることにより問題の解決をはかろうとしたが，実態を無視したこの改革は，施設・設備やスタッフの不足などから失敗に終った。

　88年以降の教育のペレストロイカにおいては，生涯教育の基礎として普通教育重視の方向に方針を変え，89年より義務教育は前期中等教育までとし，後期中等教育においては生徒の能力・個性に応じた教育をおこなうため，コース分化と選択科目の拡充をおこない，各学校の個性化を推進することにした。

外国語，物理，数学，芸術などの英才教育をおこなう特別学校や特別学級だけでなく，人文系諸科目の教育を充実させて全人的教育をおこなうリセ，ギムナジヤなど新しいタイプの公立学校の設置もすすめられた。自由バルドルフ学校，フレネ学校，宗教系学校などの私立学校が開設されるようになったのもこの頃からである。これら私立学校は，当初は正規の学校として認められていなかったが，ロシア連邦教育法（92年7月）によって認定の手続きや公費補助が規定されるようになった。また，同法には，父母による学校選択の自由の保障や，教育を受ける形態として学校教育以外にも家庭教育，自己教育などの私的教育の選択を認めることも明示された。こうして94年度にはロシア全土に特定分野を深く学ぶ特別学校が7900校，ギムナジヤ・リセが909校，私立学校が368校存在することになった。モスクワ，サンクトペテルブルクなどの大都市でとくにこうした学校の多様化がいちじるしい。そのことにより地域間，学校間の格差も増大している。

このように学校の多様化が急速に進展したのは，89年以降，国の教育課程基準を弾力化する改革がおこなわれたことによる。93年度に導入された初等中等普通教育学校基本教科課程では，総授業時間の2割（10, 11学年では5割近く）が地方および学校レベルで科目を定めることのできる選択の時間とされている。また，科目別の教授要目は地方や学校レベルで作成することが可能となった。教科書についても，研究機関や個人が作成したものを教育省が認定するシステムとなり，さまざまな種類の教科書や教材が開発されるようになった。

参考文献
川野辺敏監修『ロシアの教育・過去と未来』新読書社，1996年
川野辺敏他編『現代に生きる教育思想6　ロシア・ソビエト』ぎょうせい，1981年
柴田義松他編『資料ソビエト教育学』新読書社，1976年
柴田義松『ソビエトの教授理論』明治図書，1982年
『クルプスカヤ選集』（全10巻）明治図書，1969〜78年
『マカレンコ全集』（全8巻）明治図書，1964〜65年

6　中国（文化大革命，義務教育法，伝統文化復活）

ソビエト一辺倒から独自路線へ

　戦後，国民党との内戦を経て，1949年10月に中国共産党の主導する中華人民共和国が誕生した。その後の中国の教育について，次に見ていく。

　新中国成立直前に発表された「共同綱領」（当時は憲法に相当）では，民族主義，科学主義，民衆主義という3つの教育原則が定められた。この後，50年代前半は「ソビエト一辺倒」といわれた時代で，ソ連の教科書がそのまま中国語に翻訳されて使用されるような時代であった。学制面でもソ連に倣った改革がおこなわれたが，とくに高等教育ではこの時期国家計画に基づいて各大学の設置学部・学科を再編成する「院系調整」がおこなわれた。また，カリキュラム面では，反米気運の高まりを背景に，経験主義の影響の払拭と系統主義への転換がはかられ，画一的な教科学習が中心となっていく。

　その後，1958年からは「大躍進」・人民公社化の時期になる。教育面では，ソ連の模倣が否定され，従来の公立学校を中心とした教育発展政策に代わって，「大衆路線」による非正規の学校を民衆自身が設立することを奨励する政策がとられたが，それは同時に教育水準や教師の地位低下をまねくとともに，民衆に経費をはじめとしてさまざまな負担を強いることにもなっていく。

　その後，最高指導者毛沢東が提唱した「大躍進」や人民公社化が失敗したことにともない，中国経済は未曾有の危機に直面する。その結果，1960年代に入って「大躍進」を呼びかけた毛沢東の権威は失墜し，劉少奇を中心とする「実権派」による調整政策がすすめられる。この時期，「大躍進」時代に設立された「大衆路線」による非正規学校の多くは維持できずに消滅し，それに代わって教育面で重視されたのは「二つの教育制度・二つの労働制度」と呼ばれる学校制度で，全日制学校制度と並んで半工（耕）半読と呼ばれるパートタイムの学校が奨励されはじめた。この時期唱えられた「教育と生産労働の結合」は，

わが国でも当時日教組と中国の教員組合との交流のなかで盛んに紹介されたが，そのモデルは実はアメリカであったといわれる。こうした政策が採られはじめた背景には，初等・中等教育への進学率の向上にともなう，限られた大学進学枠をめぐる過度の競争があった。当時，大学生は学費無料のうえ，全員に助学金（奨学金）が支給され，また卒業後の就職先も国が用意してくれる（分配）など，大学生は非常に手厚く遇された。さらに，中国独自の戸籍制度も背景にあり，農村戸籍をもって生まれた者が都市戸籍を合法的に取得する数少ない手段が大学進学であったことなどから，中国では同時期のわが国などと比べてもはるかに激しい大学進学競争が繰り広げられ，失敗者の増大が社会問題化していた。そのため，いわば大衆の進学熱をそらす「バイパス」としてこうしたパートタイムの学校が増設されたが，それが逆に「バイパス」学校からは大学に行けないとして，それを「差別」と感じる大衆の不満をまねくことになった。

文化大革命による未曾有の混乱

　そうした大衆の不満を背景として，中国は1966年より10年間にわたる文化大革命の時期を迎える。この時期，「教育は政治に奉仕する」ことが唱えられ，毛沢東の階級闘争理論に基づいて従来の教育が全面的に否定された。それ以前の半工（耕）半読学校は資本主義的であるとして否定され，大学の新入生募集が数年間にわたって停止されるなど，各段階の教育は未曾有の危機に瀕する。とくに被害がいちじるしかったのは中等専業学校と呼ばれるソビエトのテフニクムを模した学校や，半工半読制をとる農業学校・職業学校などの職業教育機関で，職業教育はブルジョア的であるとして全面的に否定され，壊滅状況に陥っていく。そこには皮肉なことに，当時政治的には敵対状態にあったソビエトの「全面発展論」の影響が見られる。つまり，教育は全面的・総合的であらねばならないのに，職業教育は生徒を特定の職業技能の方面にのみ伸ばす「一面教育」であって，差別教育であるから廃止しなければならないという単純な考え方である（実際にはソビエトでも職業教育は傍系扱いながら実施されてはい

た)。文化大革命期の中国では，全面発達論を過度に単純化して適用し，職業教育機関の完全廃止がおこなわれた。それが大衆の熱烈な支持を得た背景には，職業学校を出ても大学等の上級学校に進学しにくいという職業学校の「袋小路」化の問題があった。この点は，戦後日本の職業高校の不人気とも多少通じるものがある（ただし，日本の職業高校は少なくとも制度的には袋小路ではないが）。こうして，文革開始後しばらく経って，中国の中等教育は普通科一辺倒となっていく。

　教育内容面では各教科のなかで「政治科」が突出し，小学校でも「階級闘争」が教えられるような状況が現出した。農村では「貧農・下層中農による学校運営」が強調される一方，教師の地位や待遇は「民営教師」（公務員ではなく，生産大隊等で農民が直接雇用する教師）の増加とともに低下していく。高等教育機関では「造反有理」の名の下で，「実権派」幹部の追放がおこなわれ，また「造反派」内部の抗争も激化していく。数多くの学生や教師が辺境の農山村に「下放」されて労働に従事した。また，文革開始後数年を経て大学生募集が再開された後も，張鉄生という若者による「白紙答案」事件を契機として，労働経験重視・職場の推薦という独特の無試験による入学者選抜方式がとられるようになったが，それが情実入学・コネ入学へとつながって，小学生並みの学力しかない大学生の出現に見られるように，学力低下問題が深刻化した。

　なお，文化大革命期の教育「改革」は，学歴インフレ論等で知られるイギリスの教育社会学者ドーア氏らによって「学歴病」を克服する積極的試みであるといった紹介がなされたこともあり，日本でも部分的に教育界で注目を集めたこともあったが，その実態は決して「学歴病」を克服するといった理念に基づくものではなく，むしろ政府の高学歴取得制限政策に対する不満を背景とした権力闘争の一環であったという方が正確である。

文革の終焉と教育の正常化

　1976年10月の「四人組」逮捕・追放とともに文化大革命は終わりを告げる

が，この時，中国の教育は学校教育の停止・質の低下により新たに大量の非識字者をかかえるなど，困難な状況に陥っていた。その後，鄧小平の主導の下で現在の「四つの現代化」政策がとられはじめて，再び教育重視の方向に政策が転換する。1981年6月の中国共産党六中全会で文化大革命が公式に否定され，それとともに文化大革命による「重大被災部門」である教育の改革議論が盛んになっていく。

この時期，高等教育では1977年に統一入試が再開され，科学技術教育が重視されはじめる。学校の自主権の拡大方針がとられ，従来の党支部などによる学校の管理に代わって校長責任制がとられはじめた。また学位制度が発足し，研究院（大学院）が整備・拡張され，さらに大学卒業生に対して従来とられてきた国の「分配」（職場配分）制度が廃止されたり，あるいは通学制学生や企業委託生の受け入れが始まったり，従来全員に支給されていた助学金が廃止されて新たに奨学金制度ができるなど，大学は大きく変わりつつある。また，自費大学と呼ばれる非正規大学の出現も，これまでにないことである。

中等教育分野では，従来の階級理論に基づいた職業教育否定論がかげをひそめ，「中等教育の構造改革」の名の下に職業教育を再興するための諸方策が実行に移されている。中国では労働者の権利として「頂替」と呼ばれる親の職場ポストを子どもが譲り受けられる制度が存在していたが，これが労働力の移動を阻み，労働力の質の低下をもたらす原因になっているとして廃止され，それに代わって職業教育を受けた者を優先的にその受けた専門教育に関係する職場に採用することにより，職業教育の振興をはかろうとしている。職業教育の振興は，労働契約制の導入とともに自由労働力市場の形成を促すための方策として位置づけられている。もう一つ職業教育面で注目すべきは，中華職業教育社と呼ばれる民間教育団体の果たしてきた役割である。この団体は，中国の職業教育の父といわれる黄炎培が民国時期に創立した非共産党系組織で，それまでに蓄積した職業教育ノウハウをもとに，公的職業教育機関の手の届かない分野で職業教育の振興に尽力している。

初等教育および前期中等教育面では，1986年に公布された「義務教育法」による九年制・無償の義務教育の実施が最大の課題になっている。中国ではそれまで初等教育すら義務教育ではなかったから，これは大きな前進であるといえる。ただし，中学までの義務化が一挙に実現されたわけではなく，中期的目標として掲げられたにすぎない。また，無償とはいっても雑費が徴収されたりするなど，その問題点も指摘されており，辺境部農山村では依然として義務教育の完全実施が課題となっており，貧困地区の教育条件改善をめざした「希望工程」事業等も実施されているが，教育予算が初等教育より高等教育に重点的に振り向けられていることもあって，その前途は多難といわざるをえない。

中等教育のコース分け・選択科目の導入問題

ここで，日本と中国の関係を考えるうえで，カリキュラム理論面で両国のたどった道を振り返ってみたい。日本の戦後の学校の教育課程に最も大きな影響を与えた国はどこかといえば，やはり米国であろう。日本では，米国のデューイに代表される経験主義のカリキュラム論が，アメリカ占領期ないしその直後の時期，非常に盛んに唱えられる。その後は教科の系統性を重視する立場に立つの系統主義の勢いが盛んになるが，その一つの理論的支柱はソビエト社会主義教育論であり，経験主義と鋭く対立するに至ったことは，よく知られている。

これに対して，中国にもやはり経験主義と系統主義の対立があり，日本と同様，その背後には米ソ両大国が影を落としていた。中国では共産主義政権が成立した後，アメリカの経験主義教育論の影響などはほとんど消滅したかにみえるが，実際には経験主義教育論の影響は，ある面から見れば，今日にいたるまで延々とつづいているともいえる。

経験主義教育論の影響が一番ピークに達したのは，1945年の第2次大戦(抗日戦争)終結後，国民党と共産党が対峙していた内戦時期における，共産党支配地区である。この時期，各地の「解放区」では，「混合中学」という名で中等学校の総合制化が推進される。ちょうどこの頃，日本でも新制高校が発足し，

戦前に別々の学校に分かれていた普通科と職業科を一つの学校に併置する総合制化が推進されていたことが思い出される。当時,「解放区」では米国留学帰りの陶行知らの理論的影響の下で,文理分科や,選択科目の導入,教育内容の「実用化」,職業教育が推進される。

さらに,同時期の日本と同じく,子どもたちの活動経験を中心にしてカリキュラムを編成するというコアカリキュラムの考え方まで打ち出された。しかし大陸に共産党政権が正式に誕生した50年代以降,ソビエト社会主義教育論の受容が急速にすすみ,やがて解放区時代の経験主義教育は完全に否定されるようになる。ソビエトの教育理論の中核である全面発達論の影響の下で,選択科目や分科・コース分けが一切認められず,カリキュラムの画一化が徹底する。

文革後の今日はどうかというと,81年の重点中等学校向け教学計画で,高二・高三で週4時間の選択科目の設置が認められ,これが文理分科的にも使えることになった。また90年には選択科目の拡大がはかられ,高一で週3時間,高二で4時間,高三で16時間となり,分科(コース分け)が本格的に実施され,就職希望者には相当数の職業科目が提供できることになったが,これはアメリカ派の大幅な復権の現れと見ることができる。なお,数年前から日本でも総合学科高校が登場し,大幅な選択科目制を導入し,普通科と職業科の接近がはかられているが,こうした最近の日本の動きは,現在の中国の動向とも通じるものがある。

伝統的倫理道徳教育の復権

90年代の中国大陸の教育内容改革で,もう一つ注目すべきは「伝統文化復活」の動きである。80年代までの大陸の教科書では,たとえば孔子は「奴隷制度の賛美者」,儒教は「封建制度と人民支配を維持するための精神的道具」と記載されるなど,全面否定の状況がつづいていた。それが変わる転機となったのは,89年6月4日の天安門における流血事件である。この事件とその前後のソビエト社会主義圏の崩壊の結果,中国政府は体制の崩壊という危機を切

実に感じるようになる。その結果，学校においては愛国主義教育の推進が叫ばれるが，一体何が中国人に誇りをもたせることができるのかということが大問題になる。中国が自信をもって誇れるものが一体どこにあるのか，アヘン戦争での林則汝の活躍くらいしかないではないかということになる。社会主義が国内外において求心力を失った今，中国人としてのアイデンティティは何かということになると，結局は儒教をはじめとする伝統文化以外にないではないかということになってくる。

　こうして，1994年に中国政府は新しい方針を出す。それは，学校の道徳教育のなかで儒教等の伝統文化，伝統的価値観や倫理道徳観の教育を解禁するという，中国共産党始まって以来初めて打ち出された方針で，ここには政権延命のためにも，民族的アイデンティティを伝統文化に求めざるをえなかったという事情がある。さらにそこには，アメリカ文化の台頭に対する一種の牽制や，在外華僑の取り込みをはかりたいといった意図も見え隠れする。

　こうした伝統文化再評価の動きは，「台湾化」が急速に進む台湾とは好対照である。これまでは「大陸は伝統文化の破壊者で，台湾は伝統文化の擁護者である」という図式で語られることが多かったが，台湾の民主化にともなう「台湾化」の進展によっては，こうした図式が大きく変わる可能性があるのではないかというのが，私の予測である。ただし，伝統文化の復活が行き過ぎれば，今度は共産党政権の正当性自体を危うくすることも考えられるので，当面学校教育における伝統文化復活の動きは限定的にならざるをえないであろう。

参考文献
斎藤秋男ほか『世界教育史大系4　中国教育史』講談社，1975年
大塚　豊『現代中国高等教育の成立』玉川大学出版部，1996年
横山　宏『増補　各年史　中国　戦後教育の展開』エムティ出版，1995年

第4章 近代日本教育制度の成立

1 江戸時代

　日本の近世としての江戸時代は,「士農工商」に総称される強固な封建的身分制社会であり, そこでの教育もまた, 身分ごとに就学の場を異にするものになっていた。

　まず武士の教育機関としての藩校(藩学)がある。藩の費用で設置され, 全国270余の藩の大部分に設けられていた。その目的は,「士タル者ハ町人百姓ノ上ニ立テ彼等ニ下知ヲシテ治ルモノ」(篠山藩)とあるように, 治者としての自覚と資質を身につけることであった。そのための教育課程としては, 武士の教養である儒学が中心におかれ, そのほか国学や兵学などが導入された。また「文武両道」の理念のもとに, 剣術, 鎗術, 弓術などの武術の鍛錬もおこなわれた。

　この藩校のモデルとなったのは, 徳川幕府の直轄学校としての昌平黌であり, その学事顧問役の林羅山(1583-1657)を筆頭とする林家の儒学(朱子学)が, 最も権威ある教育内容とされた。各地の藩校の教員(藩儒)も, この昌平黌の出身者が多く, 幕府はこうした学問内容に加えて人的な面からも, 藩校への間接的な統制をおこなっていた。

　だが幕末になるにつれ, 藩の財政的な行き詰まりや士風の弛緩, さらには対外的危機感の増大などによって, 藩校にも改革の波がおとずれるようになる。試

験などの成績に応じて積極的な人材登用をおこなったり，西洋の軍事学や科学，医学などを取り込もうとする動きも起こりはじめた。

下図のように著名な藩校として，薩摩藩の造士館，福岡藩の修猷館，長州藩の明倫館，水戸藩の弘道館，会津藩の日新館，米沢藩の興譲館などがある。

一方，庶民のための教育機関としては寺子屋があった。寺子屋の原型は，室町時代末期の教寺での学習にまでさかのぼるが，各地に広汎な普及をみたのは江戸時代のことである。この時期，全国で大規模な新田開発がおこなわれ，生産力が一挙に高まった。また薪や蔬菜などの日用的換金作物の販売や交換が日常化し，麻・綿・生糸といった商品生産物の流通が各地で活発におこなわれるなど，商品経済が大きな発展を遂げていった。こうした時代の動きのなかで，庶民の間にも証文を書いたり手紙を交換するために，読み書きや算盤の能力が必要とされ，寺子屋の教育を求める直接的な要因となっていくのである。

寺子屋の数は，幕末までに全国で約2万校以上存在したと推定されており，庶民の識字率の向上にきわめて大きな役割を果たした。月謝も，ごく低額な場合が多く，しかも野菜や物品などの現物で納めることも可能であった。

日本学者のドーア（R. P. Dore）の推計によれば，幕末の時点で男子の43％か

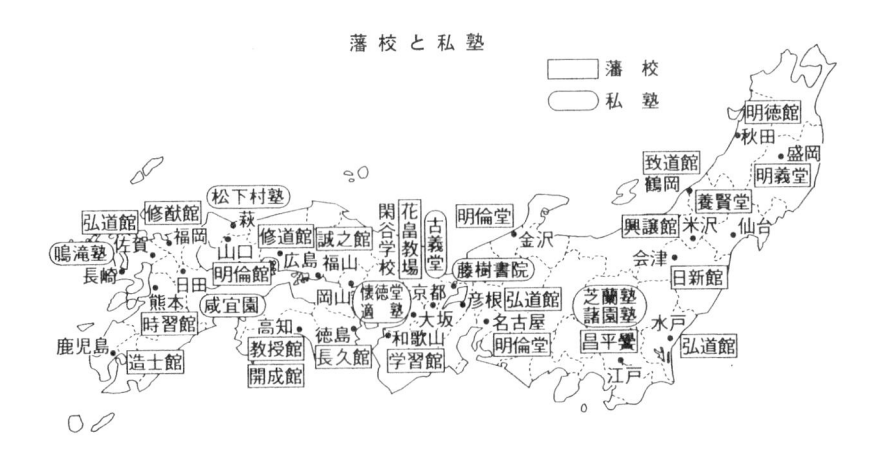

藩校と私塾

ら54％，女子の15％から19％が何らかの形で就学していたと見られている。これは，同時期の英国並みかそれ以上であるという。日本人の向学心の高さを物語るものであろう。

　寺子屋の師匠（教員）は，どのような人たちであったのか。民衆のなかから自生的に発生した教育機関であった以上，読み書きや算盤のいずれかができる者は誰でも師匠となる可能性はあった。したがって，庄屋・名主，組頭等の村役人やその隠居等の上層農民，僧侶や神官，武士（浪人）や町人などの知識階層が主な者たちであった。

　それでは，寺子屋ではどのような教育がおこなわれていたのか。生徒（寺子）の年齢はまちまちであり，何よりも求められていたのは実用的な教育であった。教育の階梯は，まずは「いろは」を片仮名，平仮名，変体仮名で手習いすることから始められた。次に，近在の地名や人物の名前が読み書きできるようになるための「名頭」の勉強，さらには百姓や商売の心得などが教えられた。その際用いられたのは，往来物（庭訓往来，商売往来，百姓往来など）と呼ばれた，わかりやすい往復書簡形式のテキストであった。

　近世におけるその他の重要な教育機関としては，郷学（郷校）がある。寺子屋よりも程度の高い内容を教え，主に青年層が就学する教育の場であった。設置の形態としては，民間有志の共同経営的なものから，武家領主と庶民の有力者が協同で開設したものなどがある。したがって，武家の子弟や庶民が共学する形態もあった。分校・支校まであわせると全国で千校以上あったと推定されているが，有名なものに1666（寛文6）年に開設された岡山藩の閑谷黌がある。領内の120以上の手習所の本校としての役割を果たすために，藩主池田光政によって開設されたものであり，今日でも遺構が保存されている。

　その他，幕末期には，きわめて特徴的な教育形態をもった私塾が登場してくる。たとえば，その初期のものに，広瀬淡窓（1782-1856）の開いた漢学塾の咸宜園がある。そこでは「三奪」と称し，入門者の年齢や学歴，身分，家柄などすべての特権を奪い，皆が対等の立場で学ぶことが理想とされた。身分制度を打

破する教育が芽ばえていたのである。豊後(大分県)の日田に設立されたが、門弟は全国に及び延べ4000人を数えた。

さらには、シーボルト(1796-1866)の開いた洋学塾である鳴滝塾、緒方洪庵(1810-63)の適塾、吉田松陰(1830-59)の松下村塾、さらには福沢諭吉(1835-1901)の慶應義塾等がそれぞれに重要な教育活動をおこなった。適塾では蘭学が教授され、成績順で座席が変えられたり、参加者が討論をおこなう「会読」の時間が設けられたりした。大村益次郎、福沢諭吉らの有力な門下生が育っていった。松下村塾では国学・漢学が教えられ高杉晋作、伊藤博文、山県有朋等を輩出した。このように、それぞれの私塾が独自の学風をそなえ、青年を対象とし洋学を含めた高度な教育をおこなっていたのである。

2 近代学校制度の創設

「学制」の頒布

アメリカのペリー艦隊によって開国を迫られ、欧米列強による植民地化の危機をかかえたまま、日本は明治維新を達成した。当時の最大の課題は、国家の独立と近代化であり、それを支える人材育成策として、政府は近代的な教育制度の積極的な導入をめざすことになった。

1871(明治4)年7月廃藩置県を断行した政府は、全国一律の学校制度創設のための基盤を整えた。同年「学制取調係」を任命し、翌1872(明治5)年8月、主にフランスの教育制度等を参考にした「学制」を頒布した。

「学制」は、まず教育理念の面で画期的な原則を打ち出した。それは、「学制序文」として知られる「学事奨励に関する被仰出書(おおせいだされしょ)」に明確に表れている。

そこでは、従来の就学のあり方を「学問は士人以上の事として農工商及婦女子に至りては之を度外」に置いたと批判し、身分や性別によって著しい就学上の差別が存在していたことを指摘した。そのうえで、「学制」がめざす新たな教育の理念を述べたのが、今日においてもよく知られている次の一節である。

「自今以後一般に人民華士族農工商及婦女子必ず邑に不学の戸なく家に不学の人なからしめんことを期す」

こうした立場から，具体的に「小学校ハ教育ノ初級ニシテ人民一般必ズ学ハスンハアルヘカラサルモノトス」（第二十一章）と定め，小学校段階における国民すべての平等な就学の実現をめざした。これは，「国民皆学」の統一的な学校制度の創設であり，まさに近代学校制度の基盤をなすものであった。

さらに「被仰出書（おおせいだされしょ）」は，「学問は身を立るの財本」と述べ，教育は個人の生活や生き方に役立つためにおこなわれるべきとする，実学主義の立場を打ち出した。

こうした考え方に影響を与えたものに，福沢諭吉の『学問のすゝめ』（1872）がある。そこにあらわされた「一身独立して一国独立す」の主張は，近代国家における個人のあり方を人間形成の立場から述べたものであった。また，「専ら勤むべきは人間普通日用に近き実学なり」という主張は，実学の重要性を端的に述べたものである。この著作は，広汎な読者を得，また学校の教科書としても読まれたが，「学制」はこうした時代の思潮を教育制度に取り入れようとしたものであっ

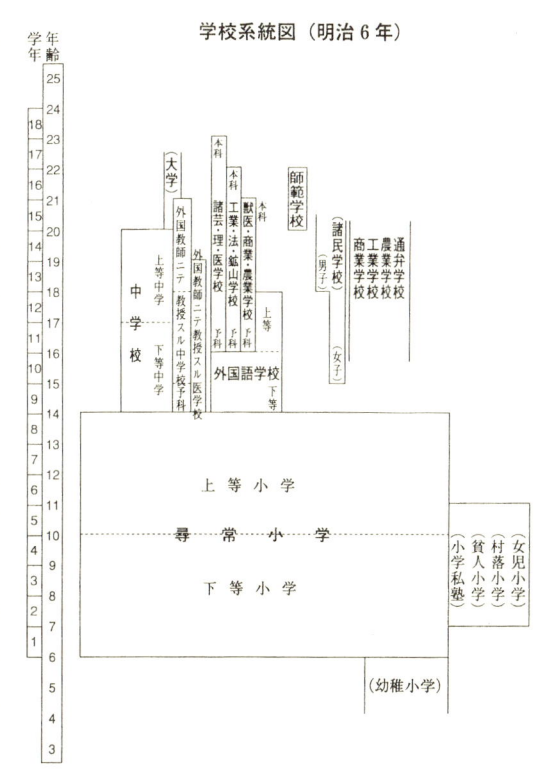

学校系統図（明治6年）

文部省『学制百年史』より

た。

この「学制」の全体構成は，次の6つの大項目から成り立っていた。

「大中小学区ノ事」

「学校ノ事」

「教員ノ事」

「生徒及試業ノ事」

「海外留学規則ノ事」

「学費ノ事」

まず最初に掲げられたのが，「大中小学区ノ事」に示される，全国に一律の「学区制」を樹立する課題であった。

具体的には，全国を8つの大学区に分け，1つの大学区を32の中学区に，1中学区を210の小学区に分けることが定められた。そして，大学区には大学校を，中学区には中学校を，小学区には小学校を，それぞれ1校ずつ設置するものとした。この構想によれば，全国に8つの大学校，256の中学校，そして5万3760の小学校が設置されることになっていた。

次に，「学校ノ事」の項目で，学校の各階梯とその進級方法が定められた。前頁の図のように小学校は上等小学と下等小学に区分され，それぞれ半年ごとに一級を修了すること（半年進級制），修業年限はいずれも八級から一級までの4年間とされ，上下等小学を合わせ計8年間の初等教育をおこなうことがめざされた。中学校も同様に，上等と下等の2段階でそれぞれ3年ずつ，計6年の課程とされていた。

また，「生徒及試業ノ事」を独立した項目として設定したことも，大きな特徴である。そこでは，きわめて厳格な試験制度による進級と卒業システムが採用されていた。

たとえば，次の条項である。

　　第四八章　生徒ハ諸学科ニ於テ必ズ其等級ヲ踏マシムル事ヲ要ス，故ニ一
　　　　　　　級毎ニ必ズ試験アリ一級卒業スル者ハ試験状ヲ渡シ試験状ヲ得

ルモノニ非ザレバ進級スルヲ得ズ
第四九章　生徒学等ヲ終ル時ハ大試験アリ小学ヨリ中学ニ移リ中学ヨリ大学ニ進ム等ノ類。但大試験ノ時ハ学事関係ノ人員ハ勿論其請求ニヨリテハ他官員トイエドモ臨席スルコトアルベシ
第五一章　試験ノ時生徒優等ノ者ニハ褒賞ヲ与ウルコトアルベシ

　ここに見るように，まず小学校から中学校，そして大学に至るまでのすべての段階で，進級や卒業を試験の成績で決定していく方式がとられた。
　たとえば，下等小学および上等小学では，各級それぞれ半年で修了し，半年ごとに「進級試験」が実施され，さらに全級を修了した時点で，卒業試験にあたる「大試験」が課されることになった。これを試験の回数で見れば，生徒は下等小学で第八級から第一級までの8回，上等小学でも同様に8回，計16回の試験の関門を通過し，さらに上等・下等小学の卒業時にもそれぞれ「大試験」（卒業試験）に合格することによって，初めて小学校を卒業することができることになる。また，この「大試験」の際には，「官員」の「臨席」が想定されていた（四九章但書）。
　さらに以上に加えて，「学制第二篇」が追加され，外国語学校，法学校，医学校，商業学校等の各種の専門学校の規定が補充された。これにより「学制」は初等教育から始まり高等教育にまで至る，段階的かつ統一的な教育制度の内容を整えるものとなった。

「教育令」の制定

　「学制」は，近代学校制度の構想を最初に打ち出したが，そこにはさまざまの問題も含まれていた。まずは財政的な基盤に乏しく，授業料や教員の人件費，さらには学校建築のための費用までも，すべて住民の負担としたことである。そのため，松本（長野県）の開智学校のように洋風建築の小学校を建てる地域も一部にはあったが，多くの地域では小学校の設立や運用に困難をきたし，寺のお堂や従来の寺子屋をわずかに改造した程度で新しい学校を出発させること

になった。

　また教育内容の面でも，一挙に新しい知識の教育をおこなおうとしたため，多くの問題が生まれた。たとえば，小学校の教科は綴字，習字，単語読方，算術に始まり，文法，地理輪講，物理学輪講，幾何，博物，化学，生理など，数も多いばかりか，西洋の直訳的な教科書が多く用いられた。そのため，当時の国民の生活実態や意識とかけ離れてしまい，かえって実学の理念からも遠のくことになった。

　こうした問題点は，当時の文部官吏自らが「従来の寺子屋に比すれば方今の学校は人民の費用十倍の多きに及ぶべし」と述べ，また教育内容の面で「方今の学校……日用の便利は却て寺子屋に及ばざることあり」「小学の教則中迂遠にして実用に切ならざるものあり」(『文部省年報』)と認めるほどであった。こうした深刻な問題のため，民衆の不満は増大し，ついには全国の二十数県に及ぶ地域で，学校の打ち壊しや焼き討ちに至る事件が頻発していく。

　このような状況の下で，明治10年代に入り新たな教育制度の模索が始まっていく。まず，1879(明治12)年9月に「学制」が廃止され，文部大臣田中不二麻呂によって「教育令」(第1次)が制定された。そこでは，学務委員を選挙で選び住民の意思を取り入れようとする方策や，小学校の就学期間を4年とするなど，住民の負担と統制の緩和がめざされた。この「教育令」は「自由教育令」とも通称されている。

　だが翌80年12月，政府は一転して干渉主義的な「教育令」(第2次)を公布する。その背景には，おりからの自由民権運動の高揚があり，教育の場での政府批判を押さえ込もうとする意図があった。

　この改正によって，学務委員は再び県令(知事)による任命制となり，また小学校の教科も「修身読書習字算術地理歴史」として簡素化されはしたものの，同時に修身科が最も重要な教科として位置づけられるに至った。儒教主義的な教育内容の大幅な復活がはかられ，先の福沢の『学問のすゝめ』などは教科書として使用禁止となった。こうした動向を積極的に推し進めた人物として，明

治天皇の侍補の地位にあった元田永孚がいる。

3 「学校令」の制定

　明治20年前後の時期は、近代立憲国家としての体制がようやく整えられた時期であり、内閣制度の成立(1885年)、大日本帝国憲法の発布(1889年)、帝国議会の開設(1890年)など、日本の国家制度にとっての大きな転換期であった。こうした状況の下で、日本は不平等条約を撤廃することによって、国際社会のなかで国家としての地位を高めることを重要な課題としていた。

　初代文部大臣に就任した森有礼(1847-89)は、国家主義の見地から次々と新たな教育政策を打ち出していく。まず教育の課題を、「今夫国ノ品位ヲシテ進ンテ列強ノ際ニ対立シ以テ永遠ノ偉業ヲ固クセント欲セハ、国民ノ志気ヲ培養発達スルヲ以テ其ノ根本ト為サザルコトヲ得ス」と述べ、欧米列強が対立する国際情勢のなかで、教育を国家富強のための根本と見なすべきことを主張した。

　森は、具体的にどのような国民(帝国臣民)を育成しようとしたのか。

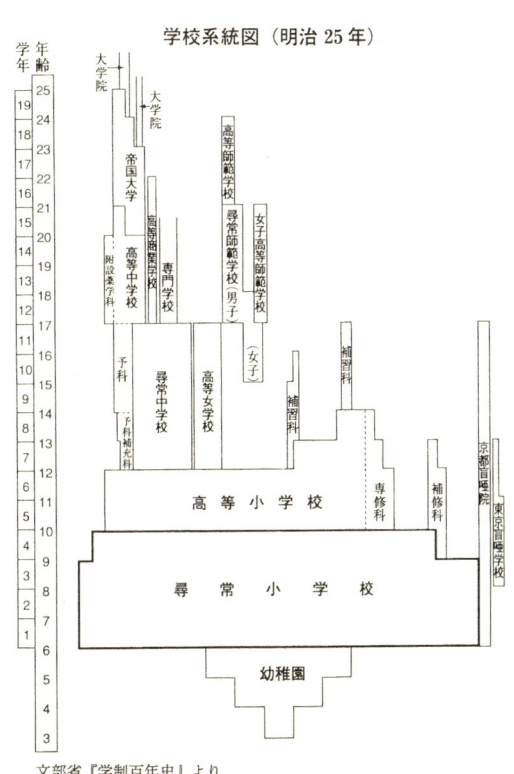

学校系統図（明治25年）

文部省『学制百年史』より

「教育ノ主義ハ専ラ人物ヲ養成スルニアリト云フ，其人物トハ何ソヤ，我帝国ニ必要ナル善良ノ臣民ヲ云フ，其善良ノ臣民トハ何ソヤ，帝国臣民タルノ義務ヲ充分ニ尽スモノヲ云フ，充分ニ帝国臣民ノ義務ヲ尽ストハ気質確実ニシテ善ク国役ヲ務メ又善ク分ニ応シテ働ク事ヲ云ナリ，然レハ教育ノ目的ハ善ク実用ニ立チ得ル人物ヲ養成スルニアリ」

このように，国家によって課せられた役割を忠実に果たしうる人間が，理想的な人物像とされたのである。

こうした見地に立って，森は新しい学校体系（前頁の図）を打ち立てるべく1886（明治19）年に，「小学校令」「中学校令」「師範学校令」「帝国大学令」を公布した。

「小学校令」では，父母・後見人に対し「普通教育ヲ得セシムルノ義務アルモノトス」と定め，4年間の就学を義務教育として規定した。これは，国家に役立つ人物を広汎な国民的基盤のもとに育成することをめざしたものであり，法令上で義務教育を規定した最初のものである。

「中学校令」では，中学校の役割を「実業ニ就カント欲シ又ハ高等ノ学校ニ入ラント欲スルモノニ須要ナル教育ヲ為ス所」と規定し，実社会に出るための実用的教育機関であると同時に，上級学校進学のための機関でもあるという二重の意味を与えた。さらに，中学校の類型を府県立の尋常中学校と，その上級学校に位置する国立の高等中学校に分け，後者を帝国大学に直結する高等教育機関であると位置づけた。なお，1894（明治27）年には「高等学校令」が出され，高等中学校は高等学校へと名称が変えられる。

「師範学校令」は，教員養成のための学校制度を定めたものであるが，森が最重要課題としたものの一つであった。すなわち，「此師範学校ニシテ其生徒ヲ教養シ完全ナル結果ヲ得ハ普通教育ノ事業ハ既ニ十分ノ九ヲ了シタリト云フヘキナリ」として，優良なる教員の養成こそが国民教育の正否を決するものであると主張した。そのうえで，次のような教員養成のあり方を提示した。

「第一ハ従順ナル気質ヲ開発スヘキ教育ヲナスコトナリ，唯命是レ従フト

云フ義ニシテ，此従順ノ教育ヲ施シテ之ヲ習慣トナササルヘカラス，第二ニ相助クルノ情ヲ其心意ニ涵養セサルヘカラス，之ヲ簡単ニ云ヘハ友情即チ友誼ノ情ヲ養成スルナリ，第三ハ威儀ノアル様ニ養成セサルヘカラス」

このように，「順良・信愛・威重」という三気質の養成を徹底させようとし，そのために公費負担制や全寮制，さらには兵式体操などの特徴的な教育形態を取り入れていった。

「帝国大学令」は，第1条で「帝国大学ハ国家ノ須要ニ応スル学術技芸ヲ教授シ及其蘊奥ヲ攻究スルヲ以テ目的トス」と定めた。すなわち大学は，国家にとって有用と見なしうる学問研究の場であるとされ，帝国の名を冠する国立大学のみが認められることになった。これにより，私立の高等教育機関は専門学校と位置づけられ，私立大学の設置への道が閉ざされることになった。

4 教育勅語体制の成立

1890(明治23)年，明治の教育にとって，いや戦前期日本の教育のあり方にとって決定的な意味をもつ「教育ニ関スル勅語」(「教育勅語」)が制定された。「勅語」とは，天皇自身の言葉による命令をさし，単なる法令以上の権威あるものとしての意味をもっていた。

その内容は，まず「朕惟フニ」から「此ニ存ス」までの第一段で，日本の建国(「肇国」)を天皇の祖先による治績ととらえ，万世一系の天皇制に基づく国体観念を，教育の基本にすえるべきであると説いている(次頁参照)。

第二段では，「父母ニ孝ニ」から「徳器ヲ成就シ」までの儒教的な道徳と，「公益ヲ広メ」から「国法ニ遵ヒ」までの近代立憲主義的な倫理を徳目として並べ，その遵守を説いている。だが最終的には，「一旦緩急アレハ義勇公ニ奉シ以テ天壌無窮ノ皇運ヲ扶翼スヘシ(ひとたび急なことが起これば，自ら進んで公のために尽力して，永遠に続く天皇家を助けよ)」と規定し，天皇制への絶対的帰依を義務づけていることが最大の特色である。

「斯ノ道ハ」から始まる第三段では，以上のような臣民として果たすべき務めを，古今東西を通じての普遍的な道であると説いている。

文部省はこの「教育勅語」の謄本と天皇の写真（「御真影」）を全国の学校に配布し，学校行事などでの奉戴と厳重な保管を命じた。とくに，1891（明治24）年に制定された「小学校祝日大祭日儀式規程」では，それらの取り扱い方が全国一律に定められた。それによれば，紀元節，天長節，元始祭，神嘗祭，新嘗祭には，①御真影への最敬礼と万歳，②教育勅語の奉読，③校長訓話，④祝日歌斉唱をおこなうべきことが要求されたのである。

こうした強制によって，「教育勅語」は教育の根本基準を示すものとして絶対化され，その趣旨に違反することは許されなくなったのである。

そのことを示すものとして，たとえば1891（明治24）年に起こった「内村鑑三不敬事件」がある。内村は，当時第一高等中学校の教員であったが，キリストを信仰する者の立場から「教育勅語」の奉読の際に最敬礼をしなかった。これが原因で内村は教壇を追われることになった。

こうした迫害は，教員のみにとどまるものではなかった。1893（明治26）年，

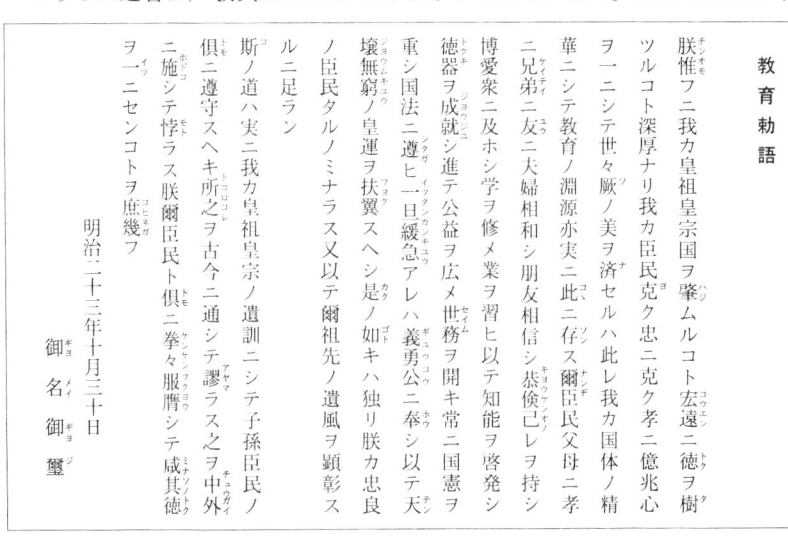

教育勅語

朕惟フニ我カ皇祖皇宗国ヲ肇ムルコト宏遠ニ徳ヲ樹ツルコト深厚ナリ我カ臣民克ク忠ニ克ク孝ニ億兆心ヲ一ニシテ世々厥ノ美ヲ済セルハ此レ我カ国体ノ精華ニシテ教育ノ淵源亦実ニ此ニ存ス爾臣民父母ニ孝ニ兄弟ニ友ニ夫婦相和シ朋友相信シ恭倹己レヲ持シ博愛衆ニ及ホシ学ヲ修メ業ヲ習ヒ以テ知能ヲ啓発シ徳器ヲ成就シ進テ公益ヲ広メ世務ヲ開キ常ニ国憲ヲ重シ国法ニ遵ヒ一旦緩急アレハ義勇公ニ奉シ以テ天壌無窮ノ皇運ヲ扶翼スヘシ是ノ如キハ独リ朕カ忠良ノ臣民タルノミナラス又以テ爾祖先ノ遺風ヲ顕彰スルニ足ラン

斯ノ道ハ実ニ我カ皇祖皇宗ノ遺訓ニシテ子孫臣民ノ俱ニ遵守スヘキ所之ヲ古今ニ通シテ謬ラス之ヲ中外ニ施シテ悖ラス朕爾臣民ト俱ニ拳々服膺シテ咸其徳ヲ一ニセンコトヲ庶幾フ

明治二十三年十月三十日

御名御璽

島根県立松江中学校の生徒は修学旅行で讃岐の崇徳陵に詣でたが，奉安されていた御真影に対し，キリスト教の信者であった生徒3名が礼拝を拒否した。この事件は，生徒の「不敬事件」として大きく報道され，信念を曲げなかった1名の生徒が退学を余儀なくされた。

さらには，「教育勅語」や御真影を火災や洪水等で毀損し，あるいは消失することが，重大な責任問題として大きく取りざたされることになる。その結果引き起こされたのが，いわゆる「御真影殉死事件」である。実際に，火災で御真影を焼失させた責任を負って，数名の校長が自殺する事件さえ発生するに至った。

5 学校制度の拡充と教育内容

義務教育の6年制と中・高等教育の拡充

各学校令と「教育勅語」の下で，日本の近代教育制度は一応の確立をみ，就学率は少しずつアップしていった。下図は男女別の就学率を示したものである

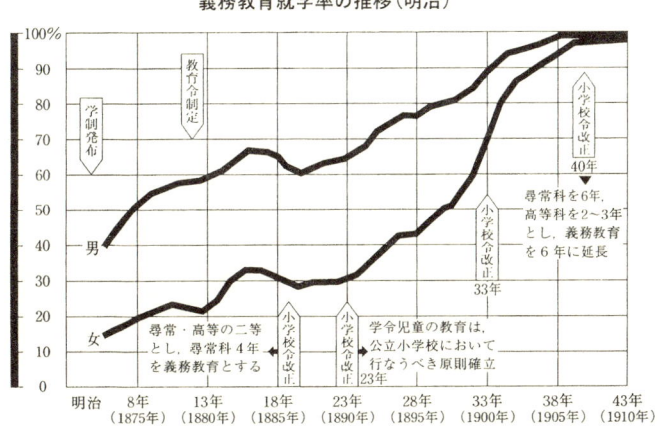

義務教育就学率の推移（明治）

文部省『目で見る教育のあゆみ』より

が，男女平均では1890年に48.9％，1895年には61.2％と伸び，さらに1905年には95.6％を達成するに至った。その背景には，1900(明治33)年の「小学校令」の改正により，ようやく義務教育の授業料無償の原則が定められ，国民の教育費負担が緩和されたことがあげられる。こうした状況の下で，1907(明治40)年には再度「小学校令」が改正され，義務教育年限が6年にまで延長されることになった。

また，政府による殖産興業策の下で近代的な産業化が進展したが，それを支える人材の育成をめざし，中等教育以上の学校制度の改革もすすめられていく。

1893(明治26)年に文部大臣に就任した井上毅は，産業教育の振興を重視したが，その路線を受け1899(明治32)年に「実業学校令」が制定された。こうして，工業・農業・商業・商船，そして実業補習学校等の各実業教育の充実がはかられることになった。

同年，「中学校令」も改正され，従来の尋常中学校の名称は中学校となり，中学校の目的は「男子ニ須要ナル高等普通教育ヲ為ス」と規定された。これによって中学校は，上級学校への進学をめざす進学校として，実業学校との差別化がはかられていく。

さらに，同年「高等女学校令」が制定され，高等女学校が女子の中等教育機関として発展を遂げることになる。女子教育の指導理念は，いわゆる「良妻賢母主義」に求められ，家政，裁縫，修身などが重視される教育がおこなわれていく。

高等教育に関しては，すでに述べたように1894(明治27)年に「高等学校令」の成立を見たが，1903(明治36)年には「専門学校令」が制定され，専門的な学術技芸を教授する学校制度として重要な役割を果たすようになっていく。国立の専門学校としては，医科専門学校や高等商業学校などが設置された。だが，数の面では私立専門学校が圧倒的に多く，東京専門学校，慶應義塾，東京法学校等，後の私立大学の基盤が形づくられていくことになった。

なお，男子には中学校を卒業後，高等学校から帝国大学へと進学する道が開

かれていたが，女子は高等学校への進学の道は閉ざされており，したがって帝国大学への進学も不可能であった。

教育内容の変化と統制

1891（明治24）年，文部省は「小学校教則大綱」を制定し，小学校の教育課程と各教科の内容を定めた。そこでは，徳性の涵養を最重要事項とし，知識技能面についても確実かつ実用的な指導をおこなうべきことを指示していた。

注目すべきは，この「教則大綱」の遵守のさせ方である。まず地方長官が「教則」を定め，それを具体化すべく校長または首座教員が「教授細目」を作成し，それに従って個々の教員が「教授週録」や「教案」をつくり，授業をお

神武天皇から、ひきつづいて、おくらゐにおつきになったご代代の天皇は、みな、そのごしそんであります。かやうに、萬世一系の天皇をいたゞくことは、せかいの國々に、たぐひのないことであります。

ご代代の天皇は、しんみんを子のやうに、おぼしめし、あつく、おめぐみになりました。われらしんみんは、このおめぐみをわすれずに、わが大日本帝國のために、つくさねばなりません。

金次郎は、をぢの家にゐましたとき、じぶんで、なたねをつくって、たねあぶらと、とりかへて、まいばん、べんきょーしました。をぢは、「本をよむより、うちのしごとをせよ。」と、いひましたから金次郎は、いひつけられたしごとを、すましたあとで、べんきょーしました。カンナンハ、人ヲタマニス。

文部省『尋常小学修身書』

こなうべきことが定められた。これによって，上意下達の画一的かつ形式的な教授様式が支配するようになり，教員の創意による授業づくりの道は抑制されていった。

教育内容を最も具体的にあらわす教科書のあり方も，この時期大きな変化を遂げた。小学校の場合，森文相時代は検定制度の下に民間の各社が教科書を作成していた。だが，「教育勅語」の渙発を経て，教科書の内容は「教育勅語」の趣旨を最大限に網羅するように選択・配列がなされるようになっていく。その方針を徹底するために，国家による教科書づくりがめざされていった。

そのきっかけとなったのは，1902(明治35)年の「教科書疑獄事件」である。小学校の教科書採択において，教科書会社による贈収賄の不正行為が暴露され，校長を含め検挙者・召喚者が250名にものぼった。これをきっかけに，翌1903年には，国定教科書制度が成立し，教育内容の国家統制と画一化がいっそう推し進められていった。

たとえば修身科では，絶対的な「忠君愛国」と「忠孝」の徳目が重視された。前頁の図は，尋常小学4年生用の国定教科書であるが，天皇の恩(「おめぐみ」)を忘れずに，国家のために尽くすべきことが教えられている。

さらに加えて，「国家富強」を実現するための「勤勉」や「立身」の徳目も重視された。この点では，明治天皇に並び教科書に多く引用された二宮金次郎(江戸時代の農政家，二宮尊徳)のもつ意味は大きい。金次郎は，多くの困難を乗り越えて勉強し，孝行に努め，やがて地域の生産振興に大きく寄与したとして，「勤勉」や「立身」の手本として取り上げられた。こうして，全国の小学校に金次郎の像が建てられていった。

参考文献
花井　信『学校と教師の歴史』川島書店，1979年
岩本　努『御真影に殉じた教師たち』大月書店，1989年
斉藤利彦『試験と競争の学校史』平凡社，1995年

第5章 大正・昭和初期の「教育改革」と教育運動

1 「大正デモクラシー」と新教育運動

「大正デモクラシー」と民衆運動

　日露戦争以後，日本の資本主義は急速に発展し，帝国主義化した。不況と物価高によって民衆の生活状態は低下して不満はうっ積し，民衆運動が起こってくる。

　「大正政変」をめぐる憲政擁護運動を通して民衆の政治的自覚はすすみ，やがて第1次世界大戦後の世界的デモクラシーの風潮，さらにロシア革命(1917年)に触発されて，政治的文化的領域にも大きな変化が現れた。大正リベラリズムが風靡し，個人主義，自由主義，国際主義が，そして人格，自由，教養など日本の伝統的文化に異質な要素が入ってきた。

　民衆の不満は，労働組合運動，社会主義運動，学生運動，女性解放運動，教員運動，水平社運動(部落解放運動)，無産政党運動，普通選挙運動など多彩な運動を生起させた。植民地では，朝鮮の民族解放運動の転回点となった「万歳事件」(1919年3月1日)や中国の排日運動である「五四運動」(同年5月4日)が起きた。日本政府はこれまでの武断政治を断念し，「文化政治」に転じた。

　絶対主義的天皇制国家は，こうした新しい動きに対し，陸軍軍人寺内正毅「非立憲」内閣のもと臨時教育会議(1917～18年)を設置し，また，関東大震災以後の社会不安に際しては「国民精神作興ニ関スル詔書」(1923年)を出し，思

想統制を強めた。1925年3月,普通選挙法を成立させると同時に,治安維持法という希有の弾圧法を制定させた。

では,この時期の教育政策と教育運動をみてみよう。

臨時教育会議

臨時教育会議は文部大臣の諮問機関でなく,内閣直属の審議機関であった。ロシア革命の影響や労働運動の高揚への対処,さらに教育の大衆化や都市市民社会の形成への対応策など,天皇制を基軸とする国家体制再編の大がかりな政策を遂行するためであった。臨時教育会議は,国民教育,高等教育のあり方を基本に9つの答申と2つの建議を出した。答申・建議はその後の教育のあり方を決定づけた。

答申で注目すべきは,教育財政についてである。地方財政は慢性的窮乏化の状態に陥り,教員の給与は劣悪であった。臨時教育会議は,小学校教員の俸給は国と市町村の連帯支弁として,国が半額負担するよう答申した。1918年2月に「市町村義務教育費国庫負担法」による教員給与の一部国家負担制度が成立した。そのねらいは,地方財政の救済とともに,待遇改善を通して教師を「帝国ノ使命ヲ完ウスル国民ヲ作ル」政策への担い手にすることであった。

小学校教育については,「国民道徳教育の徹底」が打ち出された。1918年には小学校の国定教科書が改訂され,国語では,「南米だより」「ヨーロッパの旅」など国際性のある教材がふえる一方で,「大日本」「神風」や,軍国の母をたたえる「一太郎やあい」など国家主義軍国主義の典型的な教材が現れた。歴史教科書では,『尋常小学国史・上下巻』が発行され,日本歴史は国史と改められ,国家主義的傾向がいっそう強められた。

2つの建議のうち「兵式体操振興ニ関スル建議」は,兵式教練によって勇敢の気をのばし,服従・規律などを身につけさせ,将来軍務につくときに役立つ素養を獲得させる必要を述べた。「教育ノ効果ヲ完カラシムヘキ一般施設ニ関スル建議」は,国体の精華を知らせる教育の徹底と貧富貴賤各階級間の融和を

はかることを強調した。

ここにみられるイデオロギーは，日本ファシズムの端緒であり，アジアへの侵略をすすめる国策にそった教育方針であった。

この他，教育行政機構が整備され，従来の通俗教育という用語が廃止され，社会教育行政が確立された。青年団の組織化がすすみ，大日本連合青年団が結成され，軍事訓練を主要な目的とする青年訓練所が設置された（1926年）。

高等教育の大拡張

高等教育拡張政策も臨時教育会議の重要審議事項であった。当時，法令のうえでは専門学校扱いであった私立大学は，帝国大学と同等の待遇を求め，他方，大阪府立医科大学や官立東京高等商業学校等の官公立専門学校も単科大学への昇格を求めていた。

臨時教育会議の答申に基づき，1918年「改正高等学校令」が公布される。これによって「七年制高校」（尋常科4年・高等科3年）が創設された。さらに，帝国大学令とは別の「大学令」が発布され，公私立大学および単科大学が認められた。これによって従来は法令上専門学校であった私立大学（早稲田，慶應義塾など）が正式に大学となった。1920年，東京高等商業学校がはじめて官立単科の東京商科大学（現一橋大学）に昇格した。

政府は高等教育要求の世論の高揚に対応して，高等教育機関を大増設した。大正半ばまで8校であった高等学校が大正末には31校となった。北海道帝国大学や多数の専門学校なども設立された。

政府は，第1次大戦後の国際経済競争の激化に対応するためのエリート養成をねらいに，中学・高等学校そして大学教育の制度を部分的に手直しして，戦時体制までの基本的学校体系をつくり上げたのである。

植民地教育と同化主義

日本は，日清日露戦争の結果，台湾と樺太（サハリン）を領有し，さらに関東

州を租借地とした。1910年8月には、朝鮮を併合して東洋一の一大植民地国となった。

日本の植民地支配は、植民地住民を経済的に搾取するだけでなく、文化的精神的に支配する「同化主義」を採用した。日本語を押しつけ、アジア諸民族の母国語の使用を禁じるなどして、民族的尊厳性をいちじるしく否定した。日本は東洋諸民族と民族的な近親性があり、文化的にも共通性をもつとする、いわゆる「同文同種」観にたって、アジア植民地支配を推し進めた。よって、植民地教育政策は重要な国策であった。

台湾では、1896年に、日本語を教授する国語伝習所が設置された。98年には台湾公学校令を公布し、国語伝習所を公学校（8歳以上の子どもを対象に、6カ年の普通教育）に改めた。1919年、台湾教育令が公布され、学校体系が整備され、22年の台湾教育令改正によって「内台人共学」制が施行された。しかし、実際には国語（日本語）を常用する者としない者との差別があり、日本人と台湾人の教育機会はあまりに不平等であった。

朝鮮では、文化政治への転換によって、1922年朝鮮教育令が改正された。外形上民族差別を「一視同仁」原理によって、内鮮の差別廃止をもくろんだ。普通学校の設置計画をすすめ、就学率の上昇につとめた。しかし、国語を常用する者としない者との民族的差別学級は存在した。忠君愛国教材は増大し、日本語の授業は比重を増すなど、朝鮮人の日本臣民化を強力に推し進めた。

新学校設立と新教育運動

大正期のデモクラシーの高揚と結びつき、欧米諸国の新教育理論が紹介され、従来の画一的機械的詰め込み主義教育や教師中心の教育を排して、子どもの個性や自由や創造性を求める実践や運動が各地で展開されだした。

1917年（大正6年）に元文部次官沢柳政太郎が設立した成城小学校は、大正期新教育のシンボル的存在であった。①個性尊重の教育、②自然と親しむ教育、③心情の教育、④科学的研究を基礎とする教育、を目標に掲げ、独自のカリキ

ュラムに基づく教育がおこなわれた。成城の教師は「教えつつ学ぶ」を格言にしながら実践に取り組んだ。その教育観の根底には児童を発達主体ととらえる，それまでにない児童観があった。

　千葉師範附属小学校では，手塚岸衛が自治集会を中心とする実践をおこなっていた。これは立憲国家の担い手たる公民を育成すると同時に，自分の生活を自分で律することができる人間をつくることをねらいとした。手塚は，これまでの教育を「一斉画一」「干渉束縛」「受動注入」と批判した。

　明石女子師範附属小学校では，明治末以来及川平治が指導者となって実践がつみ重ねられていた。「分団式動的教育法」として理論化された。この教育法は，学び方を身につけさせる自学主義とグループ学習である分団式学習とを結びつけたもので，国定教科書を注入することで国民教化を果たそうとする当時の画一的教授への批判が根底にあった。

　奈良女子高等師範附属小学校における木下竹治らの合科教授も，児童の生活や主体的学習を尊重するものであった。

　1924年に教育の世紀社同人（野口援太郎，下中弥三郎ら）によって池袋児童の村小学校が創設された。自由教育をさらに徹底させ，子どもの活動を規制するような時間割などの諸条件を取り除き，彼らの興味や関心を最大に生かす試みであった。学校は「獄舎」と批判され，児童の村は，娯楽所，安息所，研究所，労働所であり，親交学校でなければならないとされた。

　ほかに，自由学園（羽仁もと子），文化学院（西村伊作），玉川学園（小原國芳）などの独自な実践が生まれた。また，幼稚園が普及し，大正末には初期の3.5倍に達し，園児数は9万人を超えた。

　大正期の新教育運動は，権威主義的な教師観や国定教科書に対する絶対服従の教材観に変更を迫った点で評価できる。しかし，天皇制と帝国主義的海外発展について根本的批判はできなかった。先の沢柳は「朝鮮教育は日本語普及に全力を傾注すべし」と述べた。

　なお，山越脩蔵と土田杏村によって設立された上田自由大学(1921年)がある。

地域の青年の自己教育組織であり、ここで人文・社会科学の質の高い学習がおこなわれた。

芸術教育運動

　子どもの心性の解放を主張して、芸術教育運動に力を尽くした人びとが現れた。

　1918年7月、夏目漱石の門下である鈴木三重吉は、童話と童謡を創作する最初の文学運動をめざして、子どものための文芸雑誌『赤い鳥』を創刊した。三重吉は、当時の子ども向けの歌や読み物を貧弱低劣と批判し、彼らの純真な感情を保全開発するために第一級の作家・詩人・作曲家の協力をもとめた。泉鏡花、高浜虚子、北原白秋、小川未明、芥川龍之介、山田耕筰らがこれに力を貸し、作品を寄せた。白秋は、学校は子どもの本質を虐殺し、不自然極まる唱歌を教えていると批判し、『赤い鳥』に数多くの童謡を発表した。

　また画家の山本鼎は、「自由画」運動を起こし、1919年4月長野県小縣郡神川小学校で第1回児童自由画展覧会を開催した。山本は、従来の『国定臨画帖』による指導では子どものなかにひそむ創造的種子は芽の吹きようがないと指摘し、美術における子どもの個性的表現の発展に大きな力をつくした。彼は、「自由を拘束したのでは人間の本質は決して良くならない、少なくとも自由を知らない者に生長はない」(『自由画教育』1921)と述べ、子どもの創造的能力に無条件の信頼を示した。

　文芸教育家の片上伸は、「人間の本性から考えて人間の本性を生かそう」(『文芸教育論』1921)と述べ、芸術教育運動を理論面でささえた。

　芸術教育運動の指導者たちは、学校教育の外にいたこともあって、先の新学校の指導者よりもいっそう徹底した天皇制下の画一注入教育を批判できた。しかしながら、彼らがめざした感情の自由な表現と発露は、封建的なしきたりと貧困にあえぐ大多数の子どもたちにとっては困難な課題であった。

日本教員組合啓明会と勤労人民の自己教育運動

戦前日本の教員政策は「聖職」観に貫かれていた。聖職であるがゆえに教員は低い待遇に甘んじさせられた。この教員観を変革し，待遇改善を求める動きが強められた。

後に出版社の平凡社を興す下中弥三郎は，1919年8月に埼玉県内の小学校教員中心に啓明会を組織する。翌年に全国組織をめざし日本教員組合啓明会と改称する。同年5月，第1回メーデーに主催団体として参加，労働組合同盟会に加わり，一般労働組合との組織的連帯をはかった。「教師は労働者である」と確信し，その第一歩を行動によってさし示した意義は大きい。

1920年，啓明会は「教育改革の4綱領」を公表する。綱領は，「教育を受ける権利―学習権」を「人間権利の一部」とし，小学校から大学に至るまでの「教育の機会均等」とそのための教育費の公的負担の要求を提示した。

労働運動や農民運動は，運動を発展させるために彼ら自身による自己教育活動を展開する。労働学校，農民学校が起こってくる。日本で最初の労働学校は，1921年の大日本労働総同盟友愛会が設立した労働者教育協会（理事長鈴木文治）である。最初の全国組織日本農民組合も農民学校を開設する。彼らは労働権の確立とともに自らの学習権の樹立を要求した。新潟県木崎村では，小作争議のなかで無産小学校が設立された（1926年）。

近世以来，抑圧され虐げられてきた被差別部落の人たちは，1922年に水平社を設立した。その宣言は，人間の尊厳をかかげ，自由と平等の精神にたって一切の差別撤廃をもとめた。学校教育における差別言動者への糾弾闘争は，やがて，教育の階級性を見やぶり，教育の差別をささえる社会制度全体に対する闘争に発展した。

新教育運動の衰退

1919年2月，長野県で白樺派の教師への弾圧事件が生じる（戸倉事件）。1921年12月と22年3月には，茨城県で自由教育講演会の開催禁止を指示す

る抑圧事件が起きる。

　1924年9月長野県では，国定教科書を使わなかったことで休職処分にさせられた川井訓導事件が起きる。松本女子師範学校付属小学校に，臨時視学樋口長市と県の学務課長らが授業視察に訪れる。そのとき，川井清一郎訓導は，国定修身教科書を使わずに森鴎外の『護持院原の敵討』を教材にして，修身の授業をおこなった。樋口らはこれを問題とし，川井訓導は休職処分となった。その樋口は，10年前には新教育運動の旗頭の一人であった。

　1926年6月，先の手塚岸衛は千葉師範附属小学校からの転出を強制され，その1年後に辞任に追い込まれた。

　1924年8月，岡田良平文部大臣は地方長官会議で新教育を非難し，軽信妄動して新を衒い奇を弄することは厳にこれを誡め，との訓示をおこなっていた。この訓示の影響は大きく，これを契機に運動は受難の時期を迎える。

　1930年代，新教育運動は衰退するが，この運動の弱点を克服する新たな教育運動が生み出される。

2　教育運動の新展開と戦時教育体制

恐慌下の学校と子ども

　1929年10月，ニューヨークの株式大暴落に端を発する世界大恐慌は，日本経済を直撃し，31年，日本の恐慌は最悪の事態を迎えた。養蚕地帯の農業県は大打撃をうけ，都市では工場の操業短縮，首切りが始まった。とくに，北海道と東北は大凶作にみまわれ，農家経営は壊滅的状況におちいった。1931年9月18日，「満州事変」が起き，15年戦争が始まる。

　窮乏した町村財政のため，小学校教師の給料は，削減，遅配，強制寄付となり，あるいは現物支給された。教師の生活状態は酷薄をきわめていた。

　深刻な事態は子どもたちも同様であった。東北農村を中心に，娘の「身売り」や欠食児童が続出した。都市では，生活苦に起因する親子心中が頻発し，浮浪

2 教育運動の新展開と戦時教育体制   *149*

児や危険な見せ物や作業に従事させられる被虐待児童問題が深刻化した。

これに対して政府は，農村恐慌策として，1932年に農山村漁村経済更正運動を開始した。これは農村経済を立て直すことがねらいであり，農事実行組合が組織されたが，同時に公共精神の涵養や道徳経済の併進を謳い文句にする精神運動を強力にすすめた。文部省は郷土教育を奨励し，郷土研究や郷土教育講習会を開催した。また，農林省は農作業における経営合理主義を追及しつつ，一方で勤労主義や礼拝など宗教的儀式を重んじる塾風教育＝農民道場を推進した。

文部省は，家庭教育や子どもの校外生活にも介入した。1930年の訓令「家庭教育振興に関する件」では，家庭の風尚の樹立を説き，32年の校外生活指導の訓令では社会奉仕，協同互助の精神の育成を訴えた。

政府は，国家および国民の物質的精神的全能力を動員するための体制，すなわち総力戦体制の整備を開始した。では，こうした状況の下，どのような教育運動が展開されたのだろうか。

1930年代のはじめ，教育運動は大きく3つの潮流を形成する。第1は，大正期以来の自由教育の流れである。この潮流は，1930年11月に「新教育協会」（池袋児童の村小学校校長・野口援太郎が会長）を結成し，大同団結をはかるが，しだいに政府の教化理念との接近をはかり，国策に加担していく。そして，第2と第3が，次に紹介するプロレタリア教育運動と生活綴方教育運動であった。

プロレタリア教育運動

1930年11月に日本教育労働者組合（教労）が結成された。これは非合法の組織であった。合法の機関として新興教育研究所（新教）が，同年8月に創立された。新教は機関誌『新興教育』を発刊した。新教・教労は，国際的なエドキンテルン（教育労働者インタナショナル）の運動や理論を学んだ。

新教・教労は，教員の馘首反対，資格別・性別による差別待遇反対，国定教科書反対，軍国主義教育に対する闘争，教科書選択の自由，1学級40名制の

確立，授業料の廃止，等の行動綱領を決定した。教育の擁護と解放のために，彼らは，帝国主義戦争に反対し，労働者・農民・被差別者・植民地人民との結びつきを重視した。

彼らは，当初の公式的機械的な公教育批判やイデオロギー注入を反省し，教育の本質に応じる活動を展開しはじめる。現実の資本主義社会のなかで矛盾を背負いながら生きる子どもたちのリアルな姿をとらえる努力をし，国定教科書に対する科学的で系統的な教育内容の対置を試みた。たとえば，脇田英彦は，修身の教科書の大部分は近世武士階級か近世の代表的階級のなかで通用する「徳」が書かれており，現代の大衆である労働者や農民には縁が薄く，したがってその子どもたちは学ぶ意欲を起こさないと批判し，社会生活上必須の政治問題や経済問題を取り入れることを主張した。

彼らは，教科書の改作，逆用，素通りなどさまざまな教授法を駆使して，多様な教育実践をこころみた。

しかしながら，1933年2月，教労長野支部では被検挙者138名を出す弾圧をうけ，プロレタリア教育運動は壊滅的打撃をうけた。

生活綴方教育運動と教育科学研究会

生活綴方教育運動は，1910年代，20年代の『赤い鳥』などの児童文化運動や芦田恵之助などの自由選題綴方運動を批判的に継承しようとする教師たちによってになわれた。

彼らは，『赤い鳥』の綴方や詩は都会の山の手感覚に限られていると批判し，貧困と封建的因襲に囲まれ，しかも恐慌によって悲惨な生活苦に追い込まれている子どもたちの現実を問題にした。彼らは，子どもたちに生活の事実（生活台）を直視させ，それを綴らせ，教室で子どもら自身によってそれを討論させることで，社会認識を育てようとした。子どもを現実生活の暗さにおしこめるのでなく，その現実を克服する力を獲得するために，「生活知性」を身につけさせて生活意欲を掘り起こそうとした。教育におけるリアリズムの追求である。

これは国定教科書のない綴方という領域の充実による生活指導であった。また，欧米の教育理論にない日本の教師自らがあみ出した独自の教育的遺産であった。

農村恐慌の激しかった東北地方の綴方運動は，「北方性教育」と呼ばれた。1930年，秋田の北方教育社が『北方教育』を創刊，続いて北日本国語教育連盟が結成され，35年に『教育・北日本』が刊行された。東京の小砂丘忠義らが編集した『綴方生活』(1929)は，中央機関誌としての役割を果たした。鳥取の峯地光重らは伯西教育社を結成(機関誌『国・語・人』)，「南方性教育」と呼ばれた。運動は各地に広がった。

しかし，綴方運動は，重工業の進展と生産力の拡充に農村の経済的社会的問題の解決を求める国策協力への傾斜をみせる。同時に1940年2月の山形県の村山俊太郎らが検挙される弾圧事件が起きて以降，この運動は数年のうちに壊滅した。

プロレタリア教育運動，生活綴方教育運動に少しおくれて，野村芳兵衛，戸塚廉らの生活学校運動(機関誌『生活学校』1935-38)が起こった。さらに城戸幡太郎，留岡清男ら教育学者，心理学者が中心になって教育の現実を批判し教育改革のための教育科学の建設を目的にする教育科学研究会(教科研)が結成された(1937年)。教科研は，「生活主義と科学主義」「国民教養の最低標準の設定」を目標に掲げ，現実の社会情勢に応じうる教育改革の道を展望した。

教科研には，研究者ばかりでなく，民間教育運動をすすめてきた教師たちも多数参加した。廃刊に追い込まれた前述の『生活学校』関係者や生活綴方教師たちである。こうして教科研は民間教育運動の最後のよりどころとなった。

教科研の「教育科学」は，科学性と実践性を旗印として，伝統的な日本の教育学に支配的な観念性を否定した。現場教師と教育研究者の共同研究をなにより大切にした。保育関係者や障害児者教育家とつながりをもち，福祉と教育事業にまたがる研究をすすめた。また，伝統的教育学における教育技術論への偏向を批判し，「教育政策」への関心を喚起した。

しかし，教科研の教育政策理論は権力に対する明確な認識を欠いていた。国

策に協力し、結局、それに応える教育改革を展望してしまった。国家権力内部における「革新」勢力(新官僚・革新官僚)に期待する国家への幻想が原因であった。

1940年に城戸・留岡は、ファッショ的国民統合組織である大政翼賛会に参加し、翌41年に教科研は解散する。民間教育運動の実質的な終焉であった。

戦時教育体制の確立

1932年、国民精神文化研究所が設立される。同研究所の設立目的は、従来の警察的取り締まりからマルクス主義など西欧思想へ対抗しうるだけの思想体系の樹立、すなわち国体論の建設と普及にあった。33年、京都帝国大学法学部滝川教授の刑法理論が反国体思想として攻撃された「滝川事件」が起きた。自由主義思想の圧迫抑圧であった。

1935年2月、美濃部達吉の天皇機関説への排撃事件が起き、政府は国体明徴声明を発した。同年11月、文部省は、その具体化として文部大臣の諮問機関である教学刷新評議会を設置した。同答申は、「我ガ教学ハ源ヲ国体ニ発シ、日本精神ヲ以テ核心ト」なす、教育や学問を天皇の祭祀や政治に直結させる方針を打ち出した。文部省はこれに応えて、36年、日本諸学振興委員会を設置し「教学刷新」をすすめ、官定の国体論というべき『国体の本義』(1937)を編纂刊行し、さらに教学刷新と思想統制政策をになう教学局を文部省外局に設置した。

一方、教学刷新政策と並行して、文部省以外の場で、「総合国策」の一環としての教育改革構想が模索されていた。1935年に岡田内閣によって設置された内閣審議会・内閣調査会の教育改革構想である。本格的な重化学工業中心の産業構造再編と海外侵略に応じる人材養成を目的にする総合教育国策案の企画であった。

合理的効率的な国家経済再編を担いうる人物の養成とともに、かたや兵士および労働力として長期にわたって過酷な条件を厭わない総力戦を遂行するにふ

さわしい「高い道徳」(愛国ナショナリズム)の形成が要請されたのである。

1937年12月，内閣直属の教育審議会が発足する(1941年まで)。この審議会は，学校制度について，①小学校を国民学校へ，②青年学校の義務化，③師範学校の年限を3年とする，④女子高等学校・女子大学の設置を認める，などを答申した。教育目的は「皇国の道に帰一せしめる」とした。国民学校の各教科は，国民科，理数科，体練科，芸能科の4教科に統合し，低学年の合科教授を認めるとした。大正新教育の成果を吸収し，これに皇国民錬成の理念を結びつけようとしたのである。教育審議会の審議は，教学刷新のイデオロギー教化と総合国策的見地に立っておこなわれた。

教育審議会の答申に基づいて，国民学校令が1941年3月に公布され，4月施行された。国民学校は，「皇国ノ道ニ則リ」，「皇国民ノ基礎的錬成」を目的とした。儀式や学校行事を重んじるなど，学校自体は従来の「教授学校」から「国民錬成の道場」に変わった。

1941年1月に「皇国の道に則り青少年に対し団体的実践鍛錬を施す」大日本青少年団が結成され，12月に「皇国の道に則り国民文化の基礎たる日本少国民文化の確立」を目的にする日本少国民文化協会が設立された。子ども・青年たちは日常生活のあらゆる場面を通じて「皇国民の練成」を期待されることになった。

戦時教育体制の崩壊と植民地教育

1941年12月8日，太平洋戦争が勃発する。翌年の42年5月，大東亜建設審議会は「大東亜建設に処する文教政策」を答申する。国策の要請に基づいて教育の国家計画の樹立が叫ばれることになる。

戦局は，決戦体制に突入する。1943年6月に閣議で「学徒戦時動員体制確立要綱」，44年1月「緊急学徒勤労動員方策要綱」が決定される。勤労即教育との考えのもと，学徒は続々軍需工場へ動員された。終戦時，動員学徒は340万人を超えた。

すべての学校で修業年限の短縮がおこなわれる。また，学徒出陣が強行された。1943年10月21日，秋雨けむる神宮外苑競技場において約3万5千名の学徒兵たちは，6万5千名の学生・生徒らに見送られ黙々と戦場に向けて行進していった。

1944年以降，「国内防衛態勢の徹底強化」の方針のもと，学童疎開が開始される。はじめは縁故先に，やがて集団疎開となる。疎開先での児童の生活は悲惨で，空腹や衛生事情の悪化に耐えなければならなかった。1944年8月22日，沖縄から九州へ向けての集団疎開船対馬丸は米軍潜水艦に撃沈され，800人近い子どもがいっきょに犠牲になった。疎開児童数は45万人にのぼった。

1945年3月，閣議は「決戦教育措置要綱」を決める。国民学校初等科をのぞき，学校の授業は原則停止となった。これは学校教育の崩壊を意味した。

植民地教育はどうか。朝鮮では，日中戦争の本格化とともに「皇民化教育」が一段と強力にすすめられた。朝鮮総督府は，「国体明徴」「内鮮一体」「忍苦鍛錬」を教育の三大方針と提起し，1937年10月「皇国臣民の誓詞」を制定する。朝鮮の子どもたちは，学校の朝礼などで「一，私共は大日本帝国の臣民であります」ではじまり，天皇への忠義，忍苦鍛錬によって立派な国民となることを誓う言葉を斉唱させられた。総督府は，朝鮮語を禁止し，創氏改名，神社参拝，宮城遙拝，徴兵制，勤労動員などを強引に実施した。

台湾，南樺太，関東州，そして東南アジア諸地域においても，朝鮮と同じく日本語が押しつけられ，皇国臣民化の教育が強制された。日本精神のアジア化が実施され，植民地開発主義に応じる「低度」実業教育が推進された。

教育(学)における戦争責任

大東亜共栄圏期(1941〜45年)，多くの教育学者は積極的に報国行動をとった。傍観主義も観念的態度も自由主義も許されず，したがって総力戦があたえる目標への転向をすすめた。国粋主義的日本精神主義を中心理念におく「日本教育学」研究へと移っていった。この日本教育学は，同時に，アジア侵略のための

教育論（大東亜教育論）であった。教育学者の多くはアジア侵略教育論に加担したのである。

15年戦争期(1931〜45年)，1000万人以上の国民が軍人・軍属として動員され，そのうち230万人以上が戦没，全体で300万人にものぼる戦没者がでた。しかし，犠牲はここに尽きない。15年戦争は日本国家が開始した侵略戦争であり，諸外国人の被害はこれをはるかにしのいだ。東アジア地域だけでも1900万人近くの死者が生み出された。一部の例外をのぞいて教師の多くは，この2000万人の犠牲を生んだ戦争の協力者であった。彼らは，子どもたちを戦場に送り，軍国と侵略主義の少年少女を育てた。

戦後の教育は，したがって，これまで述べてきた教育運動の豊かな成果を引き継ぐとともに，他方，戦争に加担し，その協力者に転じた自らの教育と教育学における戦争責任を自覚して再出発しなければならなかった。しかし，戦後教育改革時の「公職追放」や「教職適格審査」はこの役割を十分にはたせなかった。

戦前の教育と教育学がなにゆえアジア侵略の教育（学）に行き着いたのか，この問題の解明は20世紀に決着できなかった。21世紀に引き継がれる最重要課題の一つである。

参考文献
中野　光『改訂増補　大正デモクラシーと教育』新評論，1990年
安川寿之輔編著『日本近代教育と差別――部落問題の教育史的研究』明石書店，1998年
堀尾輝久『天皇制国家と教育』青木書店，1987年
土屋基規『近代日本教育労働運動史研究』労働旬報社，1995年
佐藤広美『総力戦体制と教育科学』大月書店，1997年
安川寿之輔『十五年戦争と教育』新日本出版社，1986年
寺崎昌男ほか『総力戦体制と教育』東京大学出版会，1987年
山住正己『日本教育小史』岩波新書，1987年
尾崎ムゲン『日本の教育改革』中公新書，1999年
国民教育研究所『改訂近現代日本教育小史』草土文化，1973年
宮原誠一他『資料日本現代教育史　4　戦前』三省堂，1974年

第6章　戦後日本の教育改革の展開

1　戦後新教育とその批判

占領下の教育改革

　1945年8月15日天皇の「ポツダム宣言」受諾の詔書により日本は無条件降伏した。同宣言は、軍国主義勢力の除去とともに「日本国国民ノ間ニ於ケル民主主義的傾向ノ復活強化」と「言論、宗教及思想ノ自由並ニ基本的人権ノ尊重」を日本政府に要求していた。連合国軍最高司令官総司令部（GHQ）が10月2日に開設され、その下で米軍による事実上の単独占領が始まるが、占領軍の教育管理政策はポツダム宣言に基づき、戦前日本の超国家主義・軍国主義の教育を一掃し、日本教育の民主化を推進することにあった。

　戦争により8月の終戦以前から、学校の教育活動はほとんど停止していた。都市の学校の多くは被災し、終戦直後は青空教室や二部・三部授業も多く見られ、子どもたちの欠食・食糧難、浮浪児問題なども深刻であった。

　文部省は、9月15日「新日本建設の教育方針」を発表したが、平和国家・道義国家の建設とともに「益々国体護持に努むる」べきことをうたっていた。

　これに対し、GHQは、10月から12月にかけて教育に関する「四大指令」、すなわち、「日本の教育制度の管理」「教員及び教育関係官の調査・除外・認可」「国家神道、神社神道に対する政府の保証、支援、保全、監督並に弘布の廃止」「修身、日本歴史及び地理の中止」の指令を出し、軍国主義的および極端な国

家主義的イデオロギーの普及の禁止，戦犯教師の追放，教員・学生の政治活動の自由の回復，修身等3教科の授業停止等を指令した。

これにより，文部省等の旧支配層による「国体護持」路線は急速に後退し，代わって文部省内にも「公民教育刷新委員会」が設置され，近代的・合理的な公民科教育を「新教育」の柱とする案を年内に文部大臣に答申するなどの新しい動きが出てきた。また，教育現場では，教科書から軍国主義や国際和親を妨げる教材を削除するための「墨ぬり」がおこなわれたり，学生の民主化運動が各地の高校や大学で始まり，教員の間では生活を守り教育を発展させるための教員組合結成の動きがいくつかの地域で起こり，早くも年末には全日本教員組合（全教）が結成された。

米国教育使節団報告書

1946年3月，マッカーサー司令官の要請により米国教育使節団（ストダード団長以下27名）が来日した。これに協力する「日本側教育家委員会」（南原繁委員長）も編成され，1カ月の滞在の後報告書を提出したが，それは教育の目的・内容・国語の改革から教育行政・教師養成・成人教育・高等教育にまで及ぶわが国戦後の教育改革全体の下敷きとなるものであった。その基調となる思想は，カリキュラムの編成等において「生徒が出発点でなければならない」という主張にも見られるようにアメリカの児童中心主義的な「進歩主義」教育思想に基づくものであった。「教師の最善の能力は，自由の空気の中においてのみ十分に現われる。……子供の持つ測り知れない資質は，自由主義という日光の下においてのみ豊かな実を結ぶ」などと述べる報告書を読んだ日本の教育学者たちは，「これは20世紀の前半までに発達した民主主義教育思想のみごとな結実の見本である」と手放しに高く評価している。

この思想は，早速その後文部省が出した『新教育指針』（1946年）や『学習指導要領』（1947年）などに忠実に受けとめられ，6・3・3の新学制が47年4月から発足することになった。

児童中心主義の「新教育」は、明治以来日本の教育を支配してきた極端な国家主義に基づく権威主義の教育を公然と批判した点において戦後の教育改革に重要な役割を果たした。戦前と比較するとき、子どもたちがともかく解放され、明るく活発となったというのは、大多数の日本国民の実感であった。しかし、文部省のおこなう旧教育への批判が主に教育方法の古さ（画一主義とか詰め込み主義など）に向けられ、したがって学校現場における教育の研究や実践も、教育内容や目的の検討には向かわず、教育方法・技術の問題に限定される戦前からの悪しき「技術主義」の傾向を克服することができなかったことは、戦後「新教育」の抱える重要な弱点であった。

教育勅語の排除と教育基本法の制定

　文部省のすすめる「新教育」のこのような性格の曖昧さは、国民主権、戦争の放棄、基本的人権を宣言する憲法が発布され、その精神に則った教育基本法が47年3月に制定されたにもかかわらず、教育勅語が衆参両議員で排除決議されたのはやっと翌年の6月19日であったことにも端的に現れていた。

　敗戦後も46年の前半までは、教育勅語を擁護する立場を文部省当局はとっていた。学校局長田中耕太郎は、地方教学課長会議（2月21日）における訓示で「教育勅語は、我が国の醇風美俗と世界人類の道義的な核心に合致するもの」で、「いわば自然法ともいうべき」ものと発言し物議をかもしたが、安倍能成文相もこの田中局長訓示を支持して、「私も亦教育勅語をば依然として国民の日常道徳の規範と仰ぐに変りない」と同年2月25日の地方長官会議で発言している。このような政府側見解に対して『読売新聞』社説などは、「教育再建を阻むもの」（2月24日）ときびしい批判を加えていたが、米国教育使節団報告書も教育勅語については、予想に反し直接的な批判をまったくしていない。天皇制の存続を得策としたアメリカの対日占領方針に従い、教育勅語の批判は意図的に避けたと思われる。

　使節団の帰国後、同年8月に設置された教育刷新委員会は、戦後教育改革の

基本原理を教育の理念から学校制度・行政等の全領域にわたって決定した極めて重要な委員会であったが，その第一委員会で教育勅語の取り扱い問題がまず論議され，9月25日の第2回会議で，「(1)教育勅語に類する新勅語の奏請はこれを行なわないこと，(2)新憲法発布の際に賜るべき勅語の中に，今後の教育の根本方針は新憲法の精神に則るべきことを示されたいこと」などを挙手多数で決定した。委員のなかには，新しい教育方針の確定をふたたび天皇の詔書に頼ろうとする意見があったが，そのような新勅語の渙発については委員の間で意見が分かれていたことがこれでわかる。しかし，新聞等の世論の動向も考慮してか，反対意見がしだいに強くなり，同年末には勅語でなく，「教育基本法を制定する必要がある」ことを政府に建議した。

　この間に帝国議会では憲法改正が論議され，「教育を受ける権利」を定めた新憲法が46年11月3日に公布された。戦前の日本では，教育を受けることは，納税・兵役と並ぶ臣民の三大義務の一つであった。教育をめぐる権利・義務関係を逆転させ，教育をうけることはすべての国民の権利であることを規定したことは，まさに画期的なことであった。教育基本法は，この「日本国憲法の精神に則り，教育の目的を明示して，新しい日本の教育の基本を確立するため」に制定されたものである。教育勅語に代わる新しい教育の理念をその前文および第1条の「教育の目的」で次のように規定している。「教育は，人格の完成をめざし，平和的な国家及び社会の形成者として，真理と正義を愛し，個人の価値をたつとび，勤労と責任を重んじ，自主的精神に充ちた心身ともに健康な国民の育成を期して行われなければならない。」

　教育基本法のこのような内容から考えても教育勅語は当然それと両立せず，廃止されるべきものであったが，政府のあいまいな態度は，憲法・教育基本法施行後もなおしばらく続き，その失効が確認されたのは上述のように1948年6月のことであった。

1 戦後新教育とその批判

新教育批判＝「逆コース」の始まり

　義務教育年限を3年延長し，学校制度を戦前の複線型から単線型に改める6・3制が実施されたのは1947年4月からのことであるが，占領軍の指導による上からの民主化の矛盾は，早くも1950年頃から顕著に現れるようになった。49年に中華人民共和国が成立，翌年に朝鮮戦争が勃発し，米ソの対立が強まるといった国際情勢を背景に占領軍の対日政策が転換し，初期の民主化・非軍事化から日本を「反共の防波堤」として位置づけ，再軍備と独占資本の復活に力点がおかれるようになったことが，政府の文教政策にも直接反映されるようになったのである。

　50年に文相となった天野貞祐は，学校における「君が代」「日の丸」の復活を提唱し，「新しい修身科を特設するのが望ましい」と公言したり，「日本国家の道徳的中心は天皇にある」ことを基調にした「国民実践要領」の必要を表明した。この実践要領は「天野勅語」と呼ばれたりして世論のきびしい批判をあび，文相辞任後に一私人として発表することになるし，修身復活のねらいも当時まだ御用機関に堕していなかった教育課程審議会の同意を得ることはできなかった。しかし，「愛国心」教育を主眼とする政府首脳の道徳教育強化を求める発言はその後も相次ぎ，天野に代わり戦後初の党人文相となった岡野清豪は，教育課程審議会のメンバーを一新したうえで52年12月「社会科の改善，特に道徳教育，地理，歴史について」諮問した。そのねらいは，「万国に冠たる歴史，美しい国土などの地理」（吉田茂首相）および道徳教育の強化によって，「再軍備の基礎を固める」ための「愛国心」を養うことにあったのだが，53年8月に提出された答申は，ふたたび文相の意図に反して，社会科の「基本的ねらいは正しい」し，道徳教育は従来通り「実際的な生活指導に重点がおかれるべき」だとして，「道徳」を特設することに反対した。その背景には，戦後民主教育の象徴的存在でもある社会科の理念が，再軍備を進める吉田内閣の下で歪められ解体されるのではないかという危機意識から民間の教育研究団体の有志多数によって結成された「社会科問題協議会」（会長海後宗臣東大教授）の6次に

及ぶ批判声明など，社会科の「改悪」に対する一般世論の強い批判と反対があったのである。

これより先，対日講和条約調印後間もない51年11月に，吉田首相の私的諮問機関であった政令改正諮問委員会が「教育制度の改革に関する答申」を出しているが，そこでは戦後の教育改革を「わが国の実情に即しない」ものであったと断じ，教育の経済的効果を重視して中等教育における職業教育の強化を提案したり，教育委員会を公選制から任命制に切り替える案など「独立」後の主要な教育政策の見取図が示されていた。また53年10月にアメリカでおこなわれた防衛問題に関する池田・ロバートソン会談では，戦後日本における平和教育の問題が取り上げられ，「日本政府の第一の責任は，教育及び広報によって，日本に愛国心と自衛のための自発的精神が成長するような空囲気を助長することにある」とされていた。こうした再改革＝「逆コース」の路線を強力に推し進めるため，その後政府は「教員の政治的中立性維持」の名の下に「教育公務員特例法の一部改正」および「義務教育諸学校における教育の政治的中立の確保に関する臨時措置法」の教育二法を公布したり(1954年3月)，公選制の教育委員会を廃止し，教育行政の中央集権化と官僚統制を企図した「地方教育行政の組織及び運営に関する法律案」を国会への警官隊導入による異常な雰囲気のなかで強行可決(1956年6月)するなど，教員への管理統制を強める法律をつぎつぎ制定するとともに，新憲法・教育基本法の精神にもとづいて実践されてきた平和教育を「偏向教育」として非難するなど戦後の民主・平和教育の路線を大きく修正する逆コース政策を教育の各方面にわたって強引に推進していった。

58年の学習指導要領全面改訂はとりわけ重要で，政府懸案の「道徳」の時間特設を決めたほか，次の2点で学習指導要領の性格に原理上の転換をもたらすことになった。第1に，学習指導要領は「文部省告示」として官報に公示され，従来あった「試案」という性格規定もなくして，法的拘束力を有する国家基準であるとの行政解釈が強調されるようになり，それまで文部省自身が批判してきた中央集権的・画一的教育課程への方向転換がなされることになった。

第2に，基礎学力の充実および科学技術教育の向上という観点から，教育内容の「系統性」が強調され，子どもの「興味」とか「生活」や「経験」を主要な原理として構成されてきた従来の経験主義的教育課程からの転換がはかられることになった。

2 高度経済成長下の教育制度再編と教育運動

「うれうべき教科書の問題」と勤評問題

1955年から70年代中葉にかけて日本経済は高度成長の時代であった。国内的には保守合同により安定多数を擁する自由民主党と，左右両派が統一した社会党との二大政党が対立する五五年体制が確立した時代であるが，国際的にはベトナム戦争，米ソの人工衛星打ち上げ競争など米ソの冷戦対立，世界の二極構造化が進行した時代である。

五五年体制下で中央集権的・官僚的教育行政機構が確立し，教員の管理・統制とともに教育内容に対する統制と学校制度の能力主義的再編が進行した。

日本民主党が1955年に発行した小冊子『うれうべき教科書の問題』は，文部省検定済の社会科教科書を政治的に偏向している「赤い教科書」として非難した。その内容は虚偽・欺瞞が多く，教科書に対する権力的統制に道を開くためになされた理不尽な攻撃であった。非難を浴びた教科書の執筆者たちは，直ちにこのような政治的中傷は，「戦時中の暴力的な思想統制をまざまざと思い起こさせるものであり，ひとり教育のみならず，学問・思想・言論の自由，ひいては民主主義全体にたいする重大な脅威であると思う」と抗議し，事態を重視した日本学術会議の「学問・思想の自由委員会」も事実を詳細に調査したうえでの報告書において「この民主党のパンフレットこそ，うれうべきものであって，学問・思想の自由を侵すおそれがある」と，その内容が学問的批判には耐えうるものではないことを指摘したのであるが，このパンフレットは政治的な効果は十分に発揮した。これ以後，攻撃の対象となった教科書の執筆者の多

くは会社側の意向により，あるいは本人からの申し出によって執筆を断念することになった。また，この問題をきっかけに提出された教科書法案は，世論の強い反対もあって廃案になったが，文部省は規則改正（1956年6月）によって教科書調査官制度を新設し，検定審議会を拡充強化することになった。

1956年末から58年にかけて日本の教育界は，教師の勤務評定問題と「道徳」の特設問題で紛糾した。勤評問題は，赤字を出して地方財政再建法の適用県となった愛媛県で教職員の定期昇給の抑制を理由に勤評が開始されたことに端を発する。しかし，それは表面的な理由であって，勤評の最大のねらいは組合の分断・弱体化にあった。愛媛の勤評問題は，やがて全国的な問題となって文部省・教育委員会と日教組との間の激しい抗争となり，文部省は，教育長協議会と全国校長会を開催し，学校管理の強化，教職員組合の厳正な処分を呼びかけ，教員の政治的中立，道徳教育の強化を求めた。これに対し，日教組は，「非常事態宣言」で，勤評を教員の自主性を奪い，組合活動を封じようとするものととらえ，ストライキを組むなどして激しい反対闘争を展開した。学者・文化人のあっせんなどもあったが，勤評はしだいに各都道府県で実施されるようになり，教育委員会や校長の学校管理権が強まり，教員の自由な教育活動は大きく制限されることになった。

学習指導要領改訂と教育内容の現代化

特設「道徳」を含む1958年の学習指導要領改訂は，教育界がこのように勤評問題で騒然としていたときにおこなわれた。日教組は文部省の道徳教育伝達講習会の開催を実力で阻止する挙に出るなど，この改訂についても厳しく批判した。

経験主義の生活単元学習を退け，基礎学力の充実のため系統性を重視するこの改訂学習指導要領は，批判者側の間にもその評価や教育課程自主編成のあり方をめぐって激しい論争を引き起こした。

60年代は，学習指導要領の国家基準性が強化され，教科書検定が一段と厳

しくなった時代だが、教育の自由がふたたび拘束されようとすることへの反発もあって逆に民間教育研究運動の高揚を招くことになった。生活指導や演劇教育などの研究を含め各教科ごとに民間教育研究団体がつくられ、自主編成運動が活発に展開されるようになったのである。そのときの研究成果の一つが、教育内容の「現代化」である。

科学教育の現代化は、60年代におけるカリキュラム改造の国際的な潮流でもあった。わが国で「現代化」を最初に主張したのは数学教育協議会であった。現代数学の成果と方法を数学教育のなかに積極的に取り入れ、数学教育の体系を根本的に再編成することが課題とされ、60年にはそのような研究の成果と方法を典型的に示すものとして注目をあびた「水道方式の計算体系」やその理論的根拠を述べた遠山啓『教師のための数学入門』が発表された。その考え方は、民間教育研究団体を通じて他の教科研究にも波及し、検定教科書には見られない独創的なテキストづくりが進んだ(『わかるさんすう』と『にっぽんご』シリーズ、「仮説実験授業」の授業書、『人間の歴史』シリーズなど)。

他方、文部省は1968-70年の学習指導要領改訂に際して「現代化」を課題としたが、これら民間の研究は無視し、もっぱら海外の動向を参考にして数学教育などの「現代化」をはかろうとした。「水道方式」など民間側の研究成果は、法的拘束力をもつようにしたばかりの学習指導要領の教科体系とは相容れず、その枠をはみだすものであったからである。民間教育研究の成果は、組合の教育研究集会やマスコミを通して一定の影響を教育現場に与えることはできたが、この当時の日教組対文部省の激しい対立が禍いして、学校の教育内容の現代化＝再編に貢献することはできなかった。また、アメリカの数学教育現代化に倣い、集合論を初等教育から導入しようとした学習指導要領改訂も、教師・生徒の不適応を引き起こすとともに、より基礎的な教科内容の学習時間を圧迫することによって、いわゆる「落ちこぼれ」を大量につくりだす一因となり、大変な不評を買うことになった。

学校制度の能力主義的再編

　60年代にはこのようにして中央集権的・官僚制的教育行政機構による教育内容および教員の管理・統制システムが確立するなかで、経済界の求める学校制度の能力主義的再編が強力に推し進められるようになった。

　日本の経済は、この時期、日米安保体制に支えられながら池田首相の「国民所得倍増計画」(1960年)などによって高度成長を遂げ、68年にはアメリカに次ぐ世界第2位のGNP国となっていた。この高度経済成長政策の下で財界は教育の経済的価値に着目し、人材養成と人材の合理的選別・配分のために教育制度を経済計画の一環として再編することを強く求めた。財界のこうした教育要求は、政府の教育政策に忠実に反映されていき、62年に出された文部省の白書『日本の成長と教育——教育の展開と経済の発達』は、「投資の観点から長期総合教育計画の必要性を強調」する「教育投資」論を展開した。また、63年の経済審議会答申『経済発展における人的能力開発の課題と対策』は、「人的能力(マン・パワー)政策」の理論づけを試みたもので、技術革新下での労働力需給の変化、すなわち頭脳労働の高度化とともに単純労働増加の必然性を説き、「教育においても、社会においても能力主義を徹底する」ことの必要を強調した。それは、具体的には「ハイタレント・マンパワー」の養成と尊重の要請であり、また「自らの能力と適性に応じた教育を受け、そこで得られた職業能力によって評価、活用される」ことをよしとする教育観と職業意識の徹底を国民に求めるものであった。

　これをうけた中央教育審議会の66年答申「後期中等教育の拡充整備について」は、高校教育課程を「職種の分化に即応するよう多様化する」という「能力・適性に応ずる多様化」の必要を説くものであったが、国民の側ではそれよりも同答申の付記として出された「期待される人間像」が、当面する「日本人の課題」として「正しい愛国心」をもつこと、「天皇への敬愛の念」をもつことを説いたことが大きな論議を呼んだ。

　中教審は、さらに71年答申「今後における学校教育の総合的な拡充整備の

ための基本施策」において，能力主義に基づく多様化政策を全学校体系に押し広げる教育改革を提言した。そこでは，幼稚園教育の拡充，中等教育のいっそうの多様化，高等教育機関の種別化など，国家主導の教育改革構想が立てられていたが，普通科三・職業科七の「三七体制」を富山県で実施しようとした先導的施行など，この改革構想の多くは不発に終わり，実現したのは研究と教育の体制を分離した筑波大学の新設と学校の管理体制強化といったことだけであった。

高度経済成長政策による産業構造の急激な変化は都市・農村の生活構造にも重大な変化を引き起こし，そのことが子どもの成長・発達に重要なかかわりをもつ地域の自然環境から家庭その他の子どもの生活環境にまで公害，過疎，交通事故の激増などしばしば破壊的影響を及ぼすようになった。また，この激変のなかで地域における子育ての手厚い習俗も崩れ，家庭の教育力も低下する一方，学歴競争は農村にまで浸透し，高校への進学率は55年の約50%から61年には60%，75年には90%へと急上昇し，偏差値の1点差を争う激しい受験競争にすべての子どもがまきこまれるようになった。

繁栄のなかの貧困という矛盾を日本の学校は抱えるようになったのだが，この矛盾は，その解決の主体としての国民教育運動をも発展させ，日教組の教育研究活動をはじめ高校全入運動，人権教育，家永教科書検定訴訟を支援する運動など「能力主義」による差別と選別の教育に反対し，人間的な教育の充実を求める多様な国民運動が広がるようになった。

3　臨教審・中教審による教育改革構想

過熱する受験競争と学校の教育荒廃現象

70年代になって顕在化した「落ちこぼれ」，少年非行，校内暴力等のいわゆる学校の荒廃現象は，80年代中葉になるとやや沈静化し，派手な暴力ざたは一時少なくなったが，代わって年々著しく増えつづけるようになったのは，学

校嫌いを理由とする長期欠席者，不登校者の数である。90年代初頭の文部省調査によれば，中学校で10年前の3倍，小学校でも2倍以上に達した。それと同時に，無気力・無関心・無感動といった「やる気」のない投げやりな子どもや青年が増えているという感じを多くの教師が抱くようになった。このような荒廃を生み出す最大の要因として一般に指摘されるのは受験競争の過熱である。

経済水準の上昇にともなう高い学歴志向に支えられて高校・大学への進学率は上昇し，高等普通教育は著しく普及するようになったのだが，その反面，より良い高校・大学への進学をめざす受験競争が過熱し，本来の学ぶ目的を見失わせたり，子どもたちの心身の発達や人間形成に歪みをもたらしているのである。

学校のほかに塾へ通う生徒も次第に増加し，93年には小学生で23.6%，中学生で59.5%にも達している。過度の塾通いは，自然体験や遊びなど，子どもらしい生活体験の機会を奪うことになる。

学校や塾での勉強で多くの時間をとられ，ゆとりのない忙しい生活を送るなかで，社会性の不足や自立の遅れ，他人への思いやりなど人間的感性の衰弱も生じ，さまざまの荒廃現象が子どもに起こっているのであるが，子どもの危機は教師の危機とも重なっており，両者には相関性がある。教師自身も多忙でゆとりを失い，子どもとふれあう時間が少なくなっている。過労のため教師が精神的疾患を患い，休職したり退職する，いわゆる「燃えつき」現象が増えているのである。教師を日常的に多忙な生活に追い込んでいる最大の要因は，教師から自由な時間，自由な思考空間を奪う過剰な統制，いわゆる管理主義にあると教職員組合からは批判されている。日本の学校運営は，中央集権的な教育行政の下で指令的管理方式が貫徹し，学校の教育課程も学習指導要領と教育委員会の指導とによって厳しく規制され，画一化されており，教師は細かな指導計画「週案」まで校長に提出することを義務づけられたりしているのである。

臨時教育審議会の教育改革構想

　このような日本教育の積年の病弊に果敢に挑戦し，抜本的改革をはかろうとしたのが，中曽根首相の主導の下で1984年に設置された臨時教育審議会である。中曽根首相の政治的立場は，当時のアメリカ大統領レーガンやイギリスのサッチャー首相に代表される新保守主義に近く，規制緩和，自由化によって行政改革を遂行し，自由競争の原理を教育の世界にも貫こうとする意図があった。「今次教育改革において最も重要なことは，これまでの我が国の根深い病弊である画一性，硬直性，閉鎖性を打破して，個人の尊厳，個性尊重，自由・自律，自己責任の原則，すなわち『個性重視の原則』を確立することにある。この『個性重視の原則』に照らし，教育の内容，方法，制度，政策など教育の全分野について抜本的に見直していかなければならない」という最終答申（1997年）の言葉にもその意図がうかがわれる。

　従来の教育に対する臨教審答申の批判は，たしかに手厳しかった。たとえば，「教育が画一的になり，極端に形式的な平等が主張される傾向が強く，各人の個性，能力，適性を発見し，伸ばしていくという面に欠けている」。

　「受験競争が過熱し，教育が偏差値偏重，知識偏重となり，創造性・考える力・表現力よりも記憶力を重視するものとなっている」。

　しかし，このような総論的原則が学校の教育課程改善のような各論にまで貫かれたかというと極めて疑わしい。答申は，文教行政改革の方針として「画一よりも多様を，硬直よりも柔軟を，集権よりも分権を，統制よりも自由・自律を重んじる」といったことを述べていたのだが，学習指導要領については文部省側からの強い抵抗もあったため，「内容の大綱化」を指示するのみで，「国の基準」を示すという基本的性格についてはなんら変更を加えることはなかった。

　答申の後1989年に学習指導要領の改訂がおこなわれたが，そこで大きな変更のあったのは，生活科の新設と高校社会科の解体，公民科・地理歴史科の新設くらいのものである。戦後民主主義教育の大黒柱であった社会科を解体し，日本の文化・伝統や道徳の教育を重視するということは，これまでも歴代政府

が意図しながら，反発が強くてなかなか実現できなかったことである。その目標に一挙に接近することになったという意味では，「戦後の総決算」にふさわしい改訂であったといえるかもしれない。また，臨教審改革は，「生涯学習体系への移行」を教育政策の基本に据えて，学校偏重の教育からの脱却をはかったり，高等学校や大学のカリキュラムの多様化を促進したりした面では，自由化の原則が生かされたといえるが，受験競争の緩和とか，いじめや登校拒否の減少といった多くの国民が期待した肝心の学校教育の体質改善については見るべき効果をあげるにはいたらなかったのである。

中央教育審議会の 21 世紀を展望した教育改革構想

「21 世紀を展望した我が国の教育の在り方について」審議した中央教育審議会は，第1次答申「子どもに〈生きる力〉と〈ゆとり〉を」(1996年)のなかで「これからの学校教育においては，これまでの知識を一方的に教え込むことになりがちであった教育から，自ら学び自ら考える教育へと，その基調の転換を図り，子供たちの個性を生かしながら，学び方や問題解決などの能力の育成を重視するとともに，実生活との関連を図った体験的な学習や問題解決的な学習にじっくりとゆとりをもって取り組むことが重要である」という改革構想を提言した。教育の「基調の転換」をはかるというその改革構想は，学校週5日制の実施，「総合的な学習の時間」の新設，教育課程の多様化，選択制の拡大といったことで具現化されようとしている。

この中教審改革は，明治初頭の近代学校制度の導入，第2次大戦後の教育改革に匹敵する「第三の教育改革」をと意気込みながら中途半端で挫折した臨教審の改革構想を，その後の社会情勢の変化に合わせながら引き継ぎ，貫徹しようとするものである。実際に 90 年代に入ってからの世界史的激動は，誰もの予想をこえる急展開を遂げた。何といってもソ連邦崩壊，米ソ冷戦構造の終焉が画期的で，これにより世界市場は一挙に拡大し，日本企業の多国籍化・グローバル化も急速に進んで，多国籍企業間の「大競争時代」に突入することにな

った。国内的には，五五年体制（自社＝保守・革新政治体制）崩壊後の政界再編の激動があり，政府も政治改革（小選挙区制），行政改革（中央省庁の再編），財政構造改革（消費税アップ，社会福祉関係予算の削減），金融構造改革などのラジカルな改革に取り組まざるをえなくなった。中教審の教育改革構想は，財界の後押しで政府のすすめるこうした国家構造改革の一環として出されたものである。

経済同友会の提言「学校から〈合校〉へ」（1995年），経済団体連合会の「創造的な人材の育成に向けて——求められる教育改革と企業の行動」（1996年）の提言等は，中教審の審議に直接大きな影響を与えたものと思われる。

経済同友会の「合校」というのは，言語能力と論理的思考力，日本人としてのアイデンティティを育む「基礎・基本教室」と，科学の発展学習・情操教育の場としての「自由教室」（無学年制で学校選択も自由）と，「体験教室」の3つの教室が「合校」となって，ゆるやかなネットワークをつくるというものであり，経済界が求める「学校スリム化」の一モデルといえよう。また，経団連は，「このままでは世界における指導的国家の一つとして活力ある日本を築くことはできない」という危機意識から，「カリキュラム編成の弾力化」「公立小中学校における学校選択の幅の拡大」「独創的人材の育成のため飛び級の実施拡大，すぐれた素質・才能を早期に見出しこれを伸ばす教育」「企業による〈教育支援ネットワークづくり〉」を提唱している。

こうした財界からの「規制緩和」に関する強い要望に，このたびは文部省も長年の軌道修正を余儀なくされ，97年策定の「教育改革プログラム」では，学校制度の複線化，選択の機会の拡大，中高一貫教育制度の導入，通学区域の弾力化，創造性の育成といった教育改革の推進に取り組む姿勢を明らかにした。

21世紀初頭に始まる完全学校週5日制の教育課程の基準を審議した教育課程審議会もその答申（1998年7月）のなかで，これからの学校教育においては知識偏重の教育を改め，「自ら学び，自ら考える教育へと，その基調の転換を図る」ことが重要であるとし，主要な方策として次の3点をあげている。

1) 学校週5日制の実施とそのための「教育内容の厳選」
2) 「基礎・基本の確実な定着」を図ることと「個性を生かす教育の充実」
3) 「総合的な学習の時間」を中心に「生きる力」の育成を目指し各学校が創意工夫を生かして特色ある教育，特色ある学校づくりを進めること

　この答申にもとづく小中学校の学習指導要領は直ちに同年12月に告示され，2002年度から新教育課程が実施されることになったが，教育の「基調の転換」とまでいわれる改革を実行するにしては，教育条件の整備・確立がともなっておらず，成果を疑問視する声も少なくない。学校週5日制で「ゆとり」が子どもの生活に果たしてもどってくるのか，授業時数の削減に見合う教育内容の縮減が実際に可能か，基礎学力の全般的低下ないし「個性を生かす教育」の名の下に学力格差の拡大が生じるのではないか，とりわけ「総合的な学習の時間」の新設による特色ある教育・学校づくりは，選択制の拡大とあいまって競争と管理と差別・選別の教育をいっそう強めることになるのではないかといった憂慮である。

　新しい世紀への学校の門出が果たしてどのような「基調の転換」をもたらすのか慎重に見守っていく必要があろう。

参考文献
堀尾輝久『日本の教育』東京大学出版会，1994年
柴田義松『学校知・学習観の転換がなぜ必要か』明治図書，1999年
柴田義松『教育課程——カリキュラム入門』有斐閣，2000年

資　料

各国の学校系統図
外国教育史年表
日本教育史年表

174 資　料

各国の学校系統図

(1) 日　本（昭和19年）

(2) 日　本（現行）

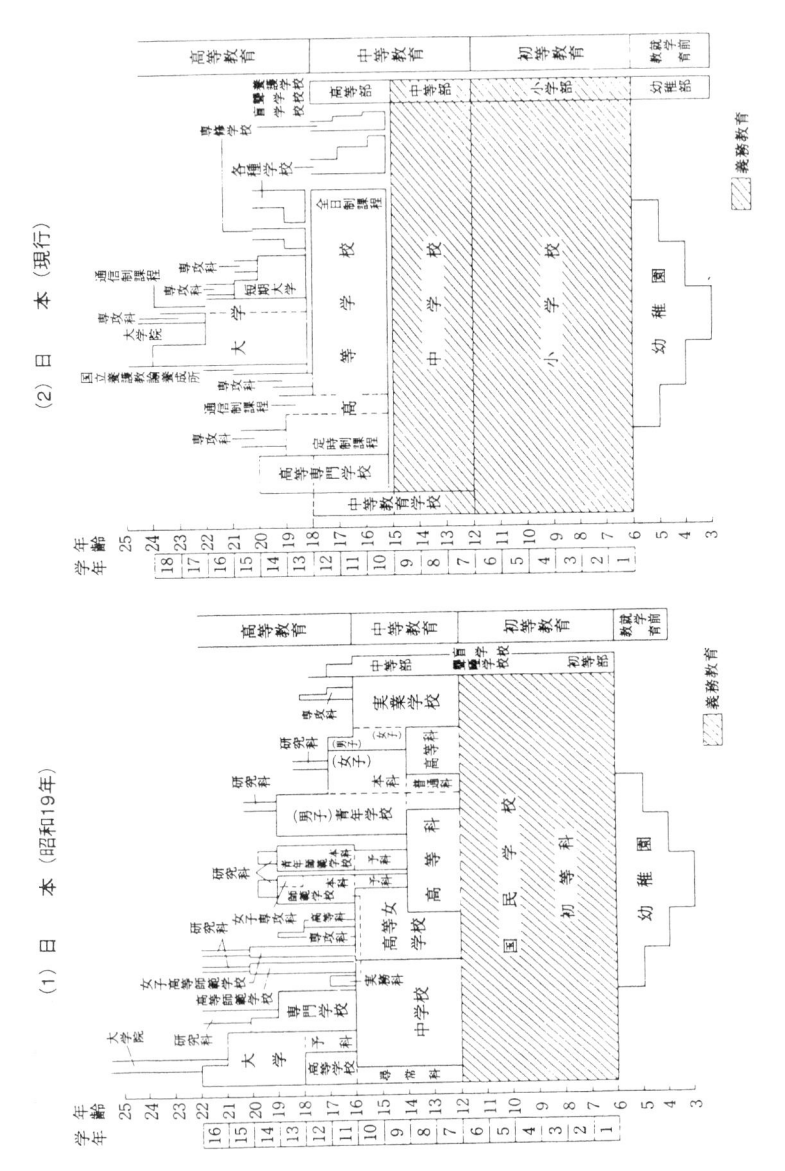

資料　175

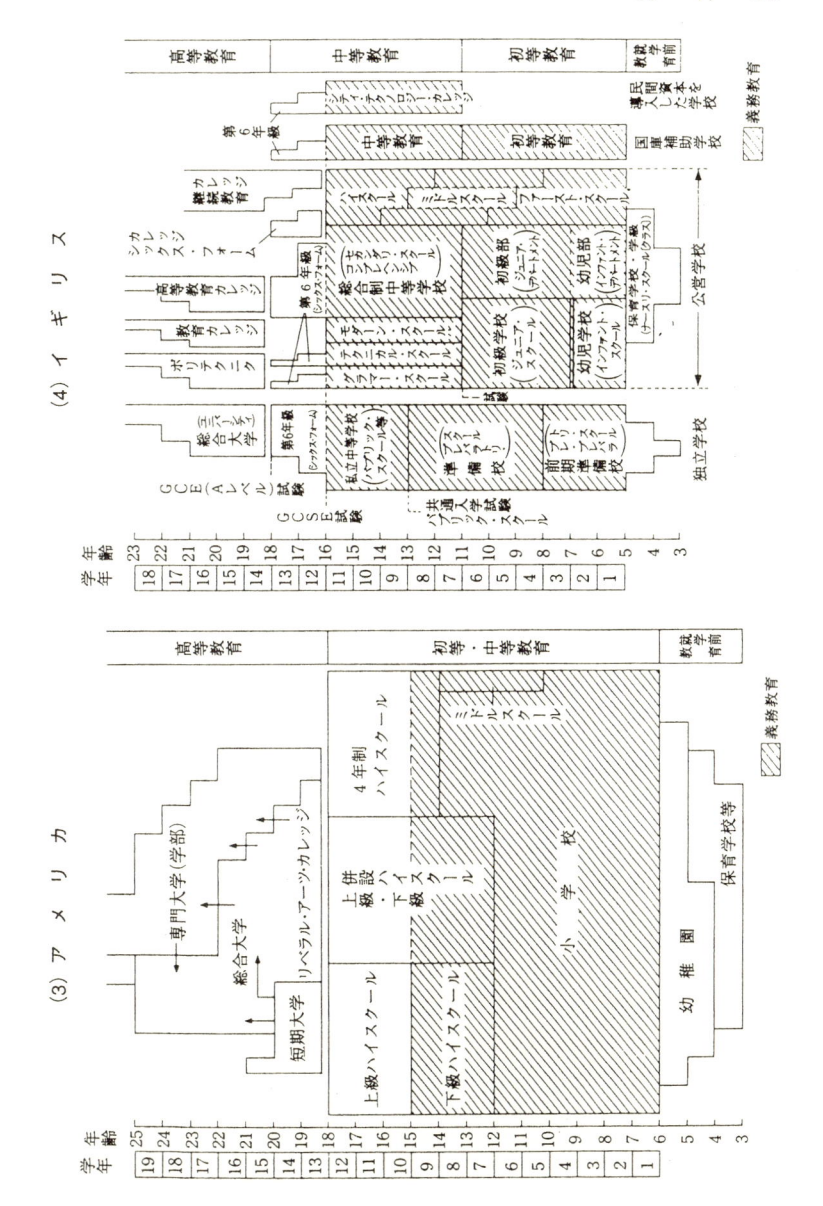

(4) イギリス

(3) アメリカ

176　資　料

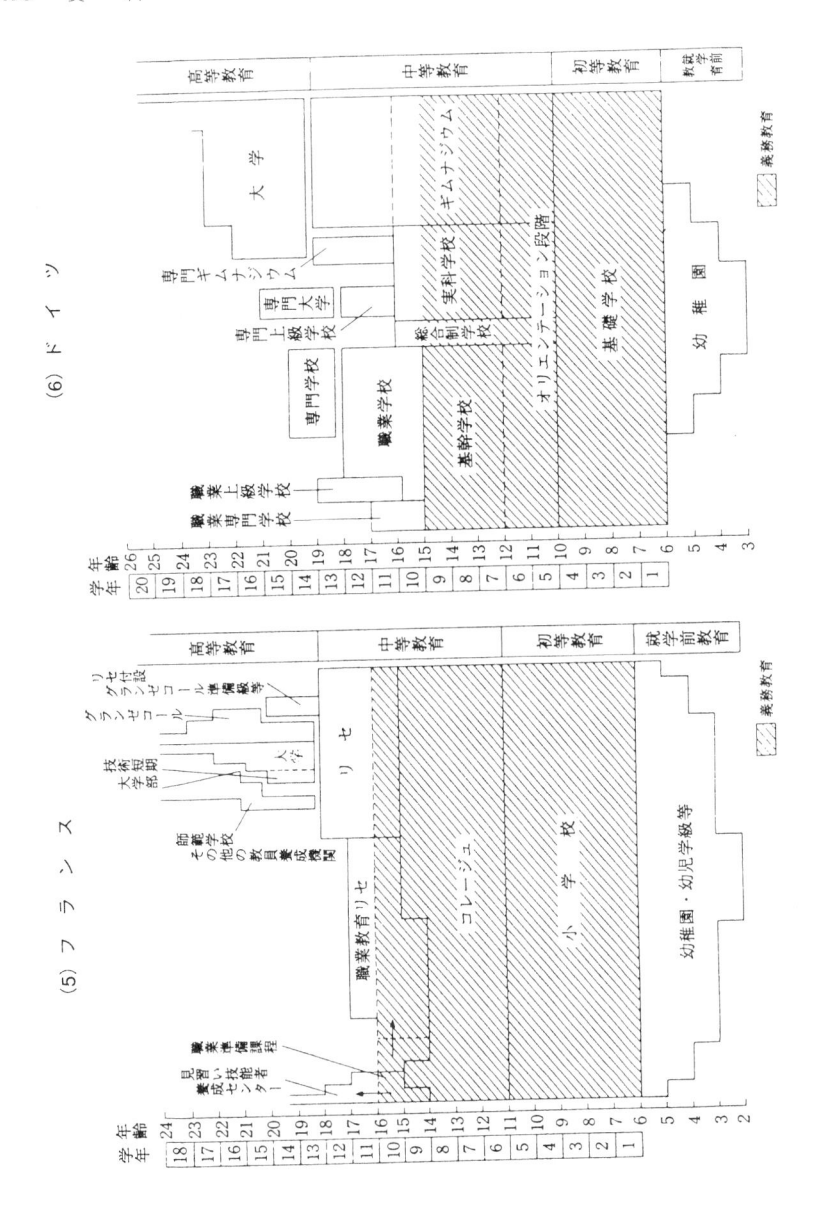

(6) ドイツ

| 学校 | 教育前 | 初等教育 | 中等教育 | 高等教育 |

幼稚園／基礎学校／オリエンテーション段階／ギムナジウム／実科学校／総合制学校／基幹学校／職業学校／職業専門学校／職業上級学校／専門学校／専門上級学校／専門大学／専門ギムナジウム／大学

義務教育

年齢: 3 4 5 6 7 8 9 10 11 12 13 14 15 16 17 18 19 20 21 22 23 24 25 26
学年: 1 2 3 4 5 6 7 8 9 10 11 12 13 14 15 16 17 18 19 20

(5) フランス

| 就学前教育 | 初等教育 | 中等教育 | 高等教育 |

幼稚園・幼児学級等／小学校／コレージュ／リセ／職業教育リセ／養成機関／師範学校／その他の教員養成機関／大学／技術短期大学部／グランゼコール／グランゼコール準備級／リセ付設高等課程

職業専門課程／見習い技能者養成／

義務教育

年齢: 2 3 4 5 6 7 8 9 10 11 12 13 14 15 16 17 18 19 20 21 22 23 24
学年: 1 2 3 4 5 6 7 8 9 10 11 12 13 14 15 16 17 18

資料　177

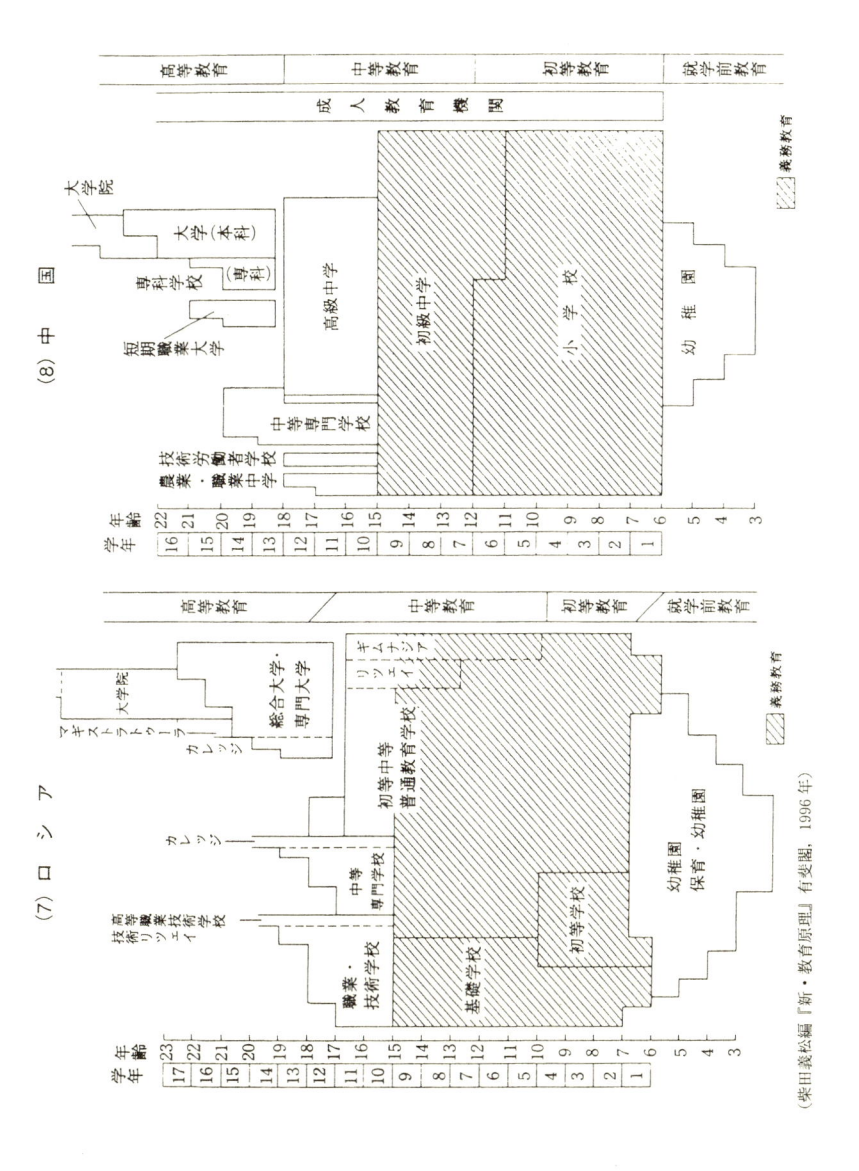

(8) 中国

(7) ロシア

（柴田義松編『新・教育原理』有斐閣, 1996年）

外国教育史年表

時代	教育史（事項・人名）	一般事項
古代（B.C.7c～A.D.4c）	B.C. 552　孔子生（～479） 469　（or 470）　**ソクラテス**生（～399） 388　**プラトン**「アカデメイア」開設 335　**アリストテレス**「リュケイオン」開設 106　キケロ生（～43） A.D.35　**クインティリアヌス**生（～100?） 4　キリスト生（～30 ごろ刑死）	B.C. 776　第1回オリンピア開催（ギリシア） 500～476　ペルシア戦争 336～323　アレクサンドル時代 60　第1回三頭政治 27　ローマ帝政となる A.D. 375　民族大移動
中世（5c～13c）	784　カール大帝の宮廷学校（アルクィン）開設 800　カール大帝義務教育令 1050　**サレルノ大学**，国王の特許をうく（伊） 1158　**ボローニャ大学**，特許をうく（伊） 1180　**パリ大学**，特許をうく（仏） 1209　ケンブリッジ大学創立（英） 1289　ハンブルグ市，市学校公認（独）	476　西ローマ帝国滅ぶ 768～814　カール大帝（**カロリンガ・ルネサンス**） 1096　第1回十字軍 1100　普遍論争（神学論争） 1215　マグナカルタ（英） 1291　十字軍終結
近世（14c～17c）	1348　プラハ大学開設（チェコ） 1385　ハイデルベルグ大学開設（独） 1440　イートン・カレッジ開設（英） 1512　パブリック・スクール設立（英） 1516　**トーマス・モア**『ユートピア』 1524　**ルター**，ドイツ全市参事会員に所信表明 1528　メランヒトン「ザクセン学校規則」 1529　**エラスムス**『学習方法論』『幼児教育論』 1532　ラブレー『第2パンタグリュエル』 1538　シュトルム「ギムナジウム」開設 1541　**カルヴァン**「ジュネーブ学校規程」 1580　モンテーニュ『エッセイ』 1636　**ハーバード大学**開設（米） 1641　マサチューセッツ州義務教育規程（米） 1642　**ゴータ教育令**（独） 1657　コメニウス『**大教授学**』 1684　イエズス会ロヨラ「キリスト教学校修士会」 1693　ロック『**教育に関する若干の考察**』	1338　**百年戦争**（～1453） 1440　グーテンベルグ印刷術 1453　東ローマ帝国滅ぶ 1492　アメリカ大陸発見 1498　印度航路発見 1517　**ルター**『宗教改革』 1532　マキャベリ『君主論』 1588　スペイン無敵艦隊敗る 1620　ベーコン『新機関』 1637　デカルト『方法序説』 1667　ミルトン『失楽園』 1669　パスカル『パンセ』 1686　ニュートン万有引力説 1688　**名誉革命**
	1717　プロイセン学校令 1751　フランクリン・アカデミー開設（米）	1740　オーストリー継承戦争

日 本 教 育 史 年 表

時代		教 育 史（事項・人名）	一 般 事 項
古代	古墳時代（〜6c）	285　百済の博士王仁『論語』『千字文』を伝える 513　百済より**五経博士**渡来	188　倭国大乱，女王卑弥呼立つ 369〜562　任那日本府 552　仏教伝来
	飛鳥・白鳳（7c）	593〜662　聖徳太子摂政 604　**憲法十七條**制定 670　『懐風藻』序文，庠序（学校）創建 671　鬼室集斯，学職頭に任命	600　遣隋使派遣 630　遣唐使派遣 645　大化改新 672　壬申の乱
	天平時代（8c）	701　大宝令（学令 22 条）で**大学・国学**制定 771　石上宅嗣，芸亭開設 782　和気氏，弘文院（別曹）開設	710　**平城京遷都** 712　『古事記』成る 720　『日本書紀』成る 794　平安京遷都
	平安時代（9c〜12c）	813　最澄「山家学生式」制定 828　空海『綜芸種智院』開設 805〜881　文章院（菅原・大江），勧学院（藤原）， 　　　　　学館院（橘），奨学院（在原）開設 ――「明衡往来」成る（12c 末）	894　遣唐使廃止 905　『古今和歌集』 11c 初　『源氏物語』 1185　平氏滅亡
中世	鎌倉時代（12c〜14c）	1232　北条泰時「御成敗式目」（貞永式目） 1247　北条重時「極楽寺殿御消息」（武家家訓） 1247〜76　**北条実時，金沢文庫**開設 1252　「十訓抄」成る 1280　京都御所「学問所」開設 ――「実語教」成る	1192　源頼朝，鎌倉開府 1224　親鸞『教行信証』 1238　道元『正法眼蔵』 1253　日蓮宗開宗 1274〜81　文永・弘安の役 1334　建武中興
	室町・戦国時代（14c〜16c）	――「童子教」「庭訓往来」成る 1419　世阿弥『花伝書』成る 1432〜39　**上杉憲実，足利学校**再興 ――「五山文学」「五山版」盛況 1459〜95　戦国家法成る 1580　宣教師ヴァリアノ，セミナリオ・コレジオ開設	1338　足利氏，**室町開府** 1432　南北朝合一 1467〜77　応仁・文明の乱 1549　ザビエル鹿児島来航 1590　秀吉，天下統一 1600　関ヶ原の戦い
		1630　**昌平黌**開設（林羅山家塾「弘文館」改称） 1641　**中江藤樹**『翁問答』 1662　伊藤仁斎「古義堂」開設	1603　家康，江戸幕府 1637　島原の乱 1639　鎖国

180 資　料

<table>
<tr><td rowspan="2">近

代

(10c〜20c前期)</td><td>1762</td><td>ルソー『エミール』</td><td>1748</td><td>モンテスキュー『法の精神』</td></tr>
<tr><td>1763</td><td>プロイセン「地方学事通則」</td><td>1760頃</td><td>産業革命起こる</td></tr>
<tr><td></td><td>1774</td><td>バセドウ汎愛学院開設</td><td>1762</td><td>ルソー『社会契約論』</td></tr>
<tr><td></td><td>1780</td><td>ペスタロッチ『隠者の夕暮』</td><td>1775</td><td>アメリカ独立戦争</td></tr>
<tr><td></td><td>1785</td><td>日曜学校協会設立</td><td>1789</td><td>フランス大革命</td></tr>
<tr><td></td><td>1791</td><td>合衆国憲法改正，教育を各州所管(米)</td><td></td><td>「人権宣言」</td></tr>
<tr><td></td><td>1792</td><td>コンドルセ，公教育組織法案提出</td><td></td><td></td></tr>
<tr><td></td><td>1798</td><td>ランカスター貧民学校で助教法実施(ベルはインドで実施)</td><td></td><td></td></tr>
<tr><td></td><td>1802</td><td>ナポレオン公教育法公布(仏)</td><td>1804</td><td>ナポレオン帝政(〜14)</td></tr>
<tr><td></td><td>1803</td><td>カント『教育学講義』</td><td></td><td></td></tr>
<tr><td></td><td>1806</td><td>ヘルバルト『一般教育学』</td><td></td><td></td></tr>
<tr><td></td><td>1808</td><td>フィヒテ『ドイツ国民に告ぐ』</td><td>1823</td><td>モンロー教書(米)</td></tr>
<tr><td></td><td>1816</td><td>オーエン「性格形成学院」開設</td><td></td><td></td></tr>
<tr><td></td><td>1826</td><td>フレーベル『人間教育』</td><td>1830</td><td>二月革命(仏)</td></tr>
<tr><td></td><td></td><td></td><td>1833</td><td>工場法</td></tr>
<tr><td></td><td>1837</td><td>フレーベル幼稚園開設</td><td>1859</td><td>ダーウィン『種の起源』</td></tr>
<tr><td></td><td>1837</td><td>ホーレス・マン　マサチューセッツ州教育長(〜48)</td><td>1861</td><td>南北戦争(〜65)(米)</td></tr>
<tr><td></td><td>1859</td><td>トルストイ　ヤスナヤ・ポリャーナ学校(ロ)</td><td>1864</td><td>第1インターナショナル</td></tr>
<tr><td></td><td>1861</td><td>スペンサー『教育論』</td><td>1867</td><td>マルクス『資本論』</td></tr>
<tr><td></td><td>1864</td><td>ウシンスキー『母語』</td><td>1871</td><td>ドイツ帝国建設</td></tr>
<tr><td></td><td>1886</td><td>ドイツ統一学校連盟</td><td>1882</td><td>独仏伊三国同盟</td></tr>
<tr><td></td><td>1889</td><td>セシル・レディ　アボツホーム学校開設(英)</td><td></td><td></td></tr>
<tr><td></td><td>1894</td><td>イタール『アヴェロンの野生児』</td><td></td><td></td></tr>
<tr><td></td><td>1896</td><td>デューイ　シカゴ実験学校(米)</td><td></td><td></td></tr>
<tr><td></td><td>1898</td><td>リーツ　田園家塾(独)</td><td></td><td></td></tr>
<tr><td></td><td>1899</td><td>ナトルプ『社会的教育学』，デューイ『学校と社会』</td><td></td><td></td></tr>
<tr><td></td><td>1900</td><td>エレン・ケイ『児童の世紀』</td><td></td><td></td></tr>
<tr><td></td><td>1906</td><td>11歳テスト実施(英)</td><td></td><td></td></tr>
<tr><td></td><td>1907</td><td>モイマン『実験教育学講義』</td><td></td><td></td></tr>
<tr><td></td><td>1911</td><td>ケルシェンスタイナー『労働学校の概念』</td><td>1900</td><td>パブロフ「条件反射」</td></tr>
<tr><td></td><td>1915</td><td>クルプスカヤ『国民教育と民主主義』</td><td></td><td></td></tr>
<tr><td></td><td>1918</td><td>キルパトリック「プロジェクト法」，PEA結成</td><td>1910</td><td>フロイト『精神分析学』</td></tr>
<tr><td></td><td>1919</td><td>ウィネトカ・プラン(米)，レ　コンパニオン(仏)</td><td>1912</td><td>第1次大戦</td></tr>
<tr><td></td><td>1920</td><td>ドルトン・プラン(米)</td><td></td><td></td></tr>
<tr><td></td><td>1922</td><td>ピオネール組織(ソ)</td><td>1917</td><td>ロシア革命</td></tr>
<tr><td></td><td>1924</td><td>イエナ・プラン(独)</td><td>1919</td><td>ワイマール憲法，ベルサイユ条約調印</td></tr>
<tr><td></td><td>1927</td><td>陶行知　暁荘師範学校開設</td><td>1929</td><td>世界不況</td></tr>
<tr><td></td><td></td><td></td><td>1933</td><td>ヒトラー独裁</td></tr>
<tr><td></td><td>1936</td><td>マカレンコ『集団主義の教育』</td><td>1939</td><td>第2次大戦</td></tr>
</table>

時代区分		年	教育関連事項	年	一般事項
近世	江戸前期（17c～18c）	1666	池田光政，郷学「閑谷黌」開設	1651	慶安事件
		1674	会津藩校「日新館」開設	1688～1703	元禄時代
		1691	昌平黌を湯島に移し，**昌平坂学問所**と改称	1702	赤穂義士討入り
		1710	貝原益軒「和俗童子訓」		
		1729	石田梅巌，京都で心学開講	1735	享保改革
	江戸後期（18c～19c）			1787	寛政改革
		1790	異学禁令	1792	林子平『海国兵談』
		1798	本居宣長『古事記伝』完成		
		1805	広瀬淡窓，桂林荘（1817「咸宜園」）開設	1825	外国船打払令
		1823	シーボルト「鳴滝塾」（長崎）開設	1837	大塩平八郎の乱
		1835	大原幽学「改新楼」開設	1839	蛮社の獄
		1838	緒方洪庵「適塾」（大坂）開設	1841	天保改革
				1853	ペリー来航
		1856	幕府，蕃書調所開設	1854	**日米和親条約**
		1857	吉田松陰「松下村塾」（長州）開設	1859	安政の大獄
				1867	大政奉還（王政復古）
		1868	福沢諭吉，慶応義塾開設		
近代	明治時代（19c～20c）	1868	「五か条の誓文」	1869	版籍奉還
		1870	「大学規則」「中小学規則」		
		1871	文部省設置	1871	廃藩置県
		1872	「学制」（213章）頒布。『学問のすゝめ』刊	1873	徴兵令，地租改正
		1876	クラーク，札幌農学校	1877	西南戦争
		1879	教育令公布。元田永孚「教学聖旨」	1878	天皇巡幸
		1880	改正教育令公布		**自由民権運動活発化**
		1885	初代文部大臣に**森有礼**就任	1881	十四年の政変
		1886	森文相，諸学校令公布	1885	内閣制度
		1887	ハウスクネヒト来日（ヘルバルト主義）	1889	帝国憲法発布
		1890	「教育勅語」渙発。石井十次孤児院開設	1890	第1回帝国議会
		1894	井上文相「実業教育費国庫負担法」	1894～95	**日清戦争**
		1899	中学校令，実業学校令，高等女学校令	1896	台湾植民地経営
		1900	**小学校令改正**（義務教育無償4年）	1902	日英同盟
		1903	専門学校令。「固定教科書制度」	1904～05	**日露戦争**
		1907	**小学校令改正**（義務教育無償6年）	1908	戊申詔書
		1909	沢柳政太郎『実際的教育学』	1910	日韓合併，大逆事件
		1912	及川平治『分団式動的教育法』	1911	南北朝正閏問題
	大正期（20c）	1913	芦田恵之助『綴り方教授』	1914	ドイツに宣戦
		1917～19	**臨時教育会議**。沢柳政太郎「成城小学校」	1918	米騒動
		1918	大学令公布。鈴木三重吉『赤い鳥』	1919	「啓明会」結成
		1921	羽仁もと子「自由学園」。山本鼎「自由画」	1920	第1回メーデー
			八大教育主張大講演会	1922	ワシントン海軍制限条約。水平社設立
		1923	木下竹次『学習原論』		

	1938	エッセンシャリスト宣言（米）	1945	第2次大戦終結，国際連合結成
	1944	バトラー教育法（英）		
現代（20c後期）	1946	世界教員組合連盟（FISE）結成	1946	ユネスコ憲章
	1947	ランジュヴァン・ワロン計画（仏）	1947	コミンフォルム結成
			1948	世界人権宣言
	1951	デルボラフ・ボルノウ「**範例学習**」提案	1949	中共成立，NATO結成
	1958	**国防教育法**（米），フルシチョフ教育改革（ソ）	1950	朝鮮戦争
	1959	コナント報告（米），クラウザー報告（英），ウッヅ・ホール会議（米），ラーメン・プラン（独）	1957	ソ連人工衛星打上げ（スプートニク・ショック）
	1960	ブルーナー『**教育の過程**』		
	1966	教員の地位に関する勧告（ユネスコ）		
	1967	プラウデン報告（英）	1966	中共文化大革命
	1969	大学紛争（仏，独，英，米各国）	1969	**アポロ11号月面着陸**
	1973	**国民教育基本法**（ソ），ベライター「学校のない教育」	1976	ベトナム統一宣言
			1979	イラン革命
	1975	アビ改革案（仏）	1982	フォークランド紛争
	1976	総合制学校（英）	1985	ソ連・ゴルバチョフ書記長就任
	1983	『危機に立つ国家』（米）		
	1984	教育改革の基本方針（ソ）	1986	チェルノブイリ原発事故
	1985	学習権宣言（ユネスコ）	1987	ソ連・ペレストロイカ推進
	1988	教育改革法（英）	1989	天安門事件
	1989	教育基本法（仏）	1990	東西ドイツ統一
	1989	児童の権利条約（国連）	1991	ソ連邦解体

時代	区分	年	事項	年	事項
近・現代		1924	池袋「児童の村」小学校	1923	関東大震災
		1926	青年訓練所令, 幼稚園令	1925	普選実施。治安維持法
	昭和前期（20c）	1930	新興教育研究所開設	1931	満州事変
				1932	5・15事件
		1934	北方性教育運動活発	1933	国際連盟脱退
		1935	青年学校令	1936	2・26事件
		1937	『国体の本義』刊行	1937	**日中戦争**
		1941	国民学校令公布	1941	第2次大戦に突入
		1943	中等学校令公布	1945	広島・長崎に原爆投下
		1945	戦時教育令公布		終戦
現代	昭和後期（20c）	1945	GHQ, 修身等授業停止命令		
		1946	第1次アメリカ教育使節団来日, 勧告	1946	**日本国憲法**公布
		1947	**教育基本法**, 学校教育法公布		天皇人間宣言
			学習指導要領発表, 日教組結成		
		1948	**教育委員会法**公布	1948	極東軍事裁判終結
		1949	社会教育法公布	1951	**講和条約**
		1950	第2次アメリカ教育使節団来日, 勧告		日米安保条約
		1952	日教組「**教師の倫理綱領**」	1955	自由民主党結成, 五五年体制始まる
		1954	教育二法成立		
		1956	**地方教育行政法**公布	1956	国際連合加盟
		1958	学習指導要領改訂告示（「**道徳**」特設）		「日ソ共同宣言」
		1963	義務教育教科書無償制	1964	第18回**五輪東京大会**
		1965	中教審中間答申「**期待される人間像**」		新幹線開通
		1969	**大学紛争**頻発	1970	大阪万国博覧会
		1974	「人材確保法」公布	1972	**沖縄本土復帰**
		1975	専修学校法制化	1973	石油ショック
		1977	学習指導要領改訂（**ゆとりと充実**）	1974	ロッキード事件発生
		1979	養護学校義務化。共通一次テスト	1978	日中平和友好条約
		1982	校内・家庭内暴力頻発	1982	東北・上越新幹線
		1985	いじめ問題深刻化	1985	科学万博。日航機墜落
		1987	臨時教育審議会最終答申	1986	国鉄民営化
		1989	学習指導要領改訂, 教育職員免許法改正		
	平成	1991	大学設置基準改正	1991	湾岸戦争
		1996	中央教育審議会答申（**生きる力とゆとり**）	1993	五五年体制崩壊, 細川連立政権誕生
		1998	学習指導要領改訂		
			教育職員免許法改正	1995	阪神大震災
					オウム真理教事件

索　引

あ

赤い鳥　146
芦田恵之助　150
アドラー　75
アビ教育改革　89-90
阿部重孝　41
天野貞祐　161
アリストテレス　8
アルベルティ　10
アレクサンドル1世　51
イエズス会　12
生きる力　1, 170, 172
池田・ロバートソン会談　162
池袋児童の村小学校　145
井上毅　138
イレブンプラス試験　79
インフォーマルな教育　81
ヴァイツゼッカー　3
ウィネトカ・プラン　71
ヴェジオ　10
上田自由大学　145
ウェブスター　43
ヴェルジェリオ　10
ヴェロネーゼ　10
ウォシュバーン　71
ウシンスキー　52-5
内村鑑三不敬事件　136
ウーリッヒ　72
うれうべき教科書の問題　163
エッセンシャリスト　72
エマソン　69
エラスムス　11
エリオット　70
エレン・ケイ　1
及川平治　145
往来物　127
オーエン　19
被仰出書　128
緒方洪庵　128
オープンスクール　81

か

改革教育学　99
開智学校　131
カウンツ　71-2
科挙　56-7
学習指導要領　3, 162, 164-5, 169
学制　128
学童疎開　154
学徒出陣　154
学徒戦時動員　153
『学問のすゝめ』　129
カーター　48
片上伸　146
川井訓導事件　148
咸宜園　127
管理主義　168
危機に立つ国家　75
キケロ　9-10
期待される人間像　166
北原白秋　146
城戸幡太郎　151
木下竹治　145
義務教育　12, 20-1, 26, 42, 134
教育科学研究会　151
教育基本法　159-60, 162
教育刷新委員会　159
教育審議会　153
教育勅語　135, 159-60
教育内容の現代化　72-3, 75, 165
教育の世紀社　145
教育令　131
教育を受ける権利　106, 147, 160
教学刷新評議会　152
教科書疑獄事件　140
協同の教育学　114-5
郷土教育　149
キルパトリック　71-2
勤務評定問題　164
クインティリアーヌス　10
グラマースクール　15-16

クルプスカヤ 107-9
慶應義塾 128
芸術教育運動 146
ゲゼル 69
合科教授 145
郷学(郷校) 127
合校 171
皇国民錬成 153
高等学校令 134
弘道館 126
高等女学校令 138
皇民化教育 154
黄炎培 121
国体の本義 152
国定教科書制度 140
国防教育法 73
国民学校 153
国民精神作興ニ関スル詔書 141
国民精神文化研究所 152
国民皆学 129
御真影 136
コメニウス 13-4
コモン・スクール 44-9
ゴーリキ 109-10
コンドルセ 22, 25-30
コンプリヘンシブスクール 79-81

さ

祭典 23-5, 27-8
蔡元培 58-60
小砂丘忠義 151
沢柳政太郎 144
三気質 135
3分岐制 79, 101, 105
ジェファソン 43
シェルドン 48
識字率 126
シシコフ 51
私塾 127
閑谷黌 127
慈善学校 17
実学主義 129
実業学校令 138
児童研究運動 68
児童中心主義 69, 81, 158-9

師範学校令 134
シーボルト 128
下中弥三郎 145
社会教育 143
自由学園 145
就学率 137
自由教育 145
自由教育令 132
自由民権運動 132
「自由画」運動 146
修身科 132
集団主義教育 109-10
儒学 123-5
授業料無償 138
塾風教育 149
受験競争 167-8
朱子学 125
シュヴェーヌマン 87
シュヴェーヌマン(教育)改革 90-91
松下村塾 128
小学校教則大綱 139
小学校祝日大祭日儀式規程 136
小学校令 134
植民地教育 143
ジョスパン改革 91
昌平黌 125
ジョン・スチュアート・ミル 20
白樺派 147
シルバーマン 74
進級試験 131
新教育 159
新教育運動 67, 69-70, 99-100, 144
新興教育 149
進歩主義教育 68-71, 73-4, 81, 158
新保守主義 169
水道方式 165
水平社 147
鈴木三重吉 146
スプートニク・ショック 72-3
スペンサー 20
生活学校 151
生活綴方教育運動 149
成城小学校 144
青年訓練所 143
青年団 143

索　引

政令改正諮問委員会　162
セシル・レディ　77
ゼップ政策　86
専門学校　131
専門学校令　138
総合技術教育　104, 108
ソクラテス　8
ソフィスト　7
算盤　126
ソーンダイク　66

た

第三の教育改革　170
タイラー　72
台湾公学校令　144
高嶺秀夫　48
大正デモクラシー　141
脱学校論　74
田中不二麻呂　132
玉川学園　145
ターマン　69
タレイラン　24, 26-7
単線型　41, 161
チャーター・スクール　76
チャーチスト運動　19
中学校令　134
朝鮮教育令　144
直観教授　38
ツィラー　39
ツヴィングリ　11
帝国大学令　134
ディスターヴェーク　35, 37-8, 53
適塾　128
手塚岸衛　145
デューイ　40, 60-3, 68-72, 95, 122
寺子屋　126
同化主義　143
統合制学校　102
陶行知　60-4, 123
「道徳」の特設　162, 164
トゥーニー　78
遠山啓　165
戸倉事件　147
ドゥクロリー　94
留岡清男　151

トルストイ　53
ドルトン・プラン　71

な

ナショナルカリキュラム　83-5
ナチズムの教育　100
七自由科　9
ニイル　77
ニコライ1世　52
日新館　126
二宮金次郎　140
日本教員組合啓明会　147
ニール　74
能力主義　166-7
野村芳兵衛　151

は

ハイスクール　49, 66
パイデイア　7
パーカー　67, 69-70
パーカースト　70-1
バグレー　72
8年研究　72
バトラー法　78
バーナード　44, 46-7
パブリックスクール　15-16
林羅山　125
ハルニッシュ　38
藩校(藩学)　125
ピオネール運動　109
ビスマルク　36
ヒューマニズム　10-2
広瀬淡窓　127
フィヒテ　34
フェルトレ　10
フォスター法　21
福沢諭吉　128
複線型　41
不登校　168
プラウデン報告書　80-1
プラトン　8
フランクリン　49
フリードリッヒ大王　33
ブルーナー　73
フレネ　94-7

188 索引

フレーベル 39, 69
プロジェクト・メソッド 71
プロテスタンティズム 12
プロレタリア教育運動 149
文化学院 145
文化大革命 119-21
文武両道 125
フンボルト 34, 38
並行的教育作用 111
米国教育使節団報告書 158-9
兵式体操 135
ベーカー法 82
ベーコン 16
ヘシオドス 7
ベスター 72
ペスタロッチ 34-5, 37-8, 48, 69
ヘルバルト 39
ベル・ランカスター方式 18, 47
ペレストロイカ 112-6
北方性教育 151
ホームズ 77
ホメロス 7
ポリテクニズム 108
ホール 68

ま

マカレンコ 109-12
学び方の転換 2
マルクス 108
マン 44-6
マンデヴィル 17
マン・パワー政策(ポリシー) 73, 166
ミラボー 24
ミランドーラ 10
民間教育研究運動 165
村山俊太郎 151
明倫館 126
メランヒトン 12

毛沢東 119
燃えつき現象 168
元田永孚 133
モニトリアルシステム 18
森有礼 133
モンテッソリ 94
モンテーニュ 11

や

山本鼎 146
洋学塾 128
吉田松陰 128
読み書き 126

ら

ライス 68
ライン 39
ラッグ 72
ラッシュ 43
ラッセル 77
ラブレー 11
ラベット 19
蘭学 128
リガチョフ改革 113
良妻賢母主義 138
臨時教育会議 141
臨時教育審議会(臨教審) 2, 169, 170
ルソー 22-4, 37, 53, 69
ルター 11-2
ルペルチェ 29-30, 32
レーニン 106-7
労働学校 147
ロヨラ 12

わ

ワイマールの学校妥協 99
ワルロ 9

編著者紹介

柴田　義松（しばた　よしまつ）
　1930年　愛知県生まれ
　東京大学名誉教授
　〈主要著書〉
　『学び方の基礎・基本と総合的学習』明治図書
　『学校知・学習観の転換はなぜ必要か』明治図書
　『教育過程──カリキュラム入門』有斐閣，ほか

斉藤　利彦（さいとう　としひこ）
　1953年　福島県生まれ
　学習院大学教授
　〈主要著書〉
　『競争と管理の学校史──明治後期中学校教育の展開』
　　東京大学出版会
　『試験と競争の学校史』平凡社，ほか

近現代教育史

2000年3月31日　第1版第1刷発行
2005年4月25日　第1版第2刷発行

編著者　柴田　義松
　　　　斉藤　利彦

発行者　田中　千津子
　　　　〒153-0064　東京都目黒区下目黒3-6-1
　　　　電話　03（3715）1501 ㈹
発行所　株式会社 学文社
　　　　FAX　03（3715）2012
　　　　振替口座　00130-9-98842

印刷　新製版

© Y. Shibata/T. Saitou 2000
乱丁・落丁の場合は本社でお取替えします。
定価は売上カード，カバーに表示。

ISBN4-7620-0945-8

（東京大学）柴田義松編著	道徳教育の基本問題を教育史，教育哲学，教育心理学，教育社会学，教育方法学，比較教育学等の研究成果に基づいて多角的に考察した，教職基本テキスト。現場教師の研修，指導資料にも役立つよう配慮。
道　徳　教　育　A5判 172頁　本体 1900円	0443-X C3037
福島大学　臼井嘉一 （東京大学）柴田義松　編著	歴史認識の方法や歴史的資料の活用，歴史を書き綴る学習により活気ある授業展開を見通せないか。本書は，新学習指導要領にもとづき，中学・高校の各教科・分野ごとに授業実践をふまえた解説を試みる。
社会・地歴・公民科教育法　A5判 227頁　本体 2300円	0876-1 C3037
白井　愼・寺崎昌男 黒澤英典・別府昭郎 編著	これから教育実習に行く人，実習中に困ったことが起き疑問を抱くなどした人，実習終了後さらにその経験を深めようと考えている人のために，学生の目線からまとめられた質問集。第一級執筆陣が回答。
教育実習57の質問　A5判 152頁　本体 1500円	0430-8 C3037
創価大学　熊谷一乗著	教育制度の役割，歴史的発展，現代公教育制度の組織原理，海外主要国教育制度の概要，現代日本の教育制度，教育制度の形成に関する教育政策の諸問題を扱う。教職のための基本知識の習得に好個の書。
現代教育制度論　A5判 262頁　本体 2400円	0624-6 C3037
（青山学院大学）木下法也他編著	人間の教育の歴史という視点から，西洋と日本を総合的にとらえ，簡潔に叙述する。教育史の教科書として活用できるよう，基本的事項をできる限り取り上げた。〔日本図書館協会選定図書〕
教　育　の　歴　史　——西洋と日本——　A5判 250頁　本体 2400円	0271-2 C3037
鹿毛基生・佐藤尚子著	従来の教育史のなかから，人間形成に関するものを重点的に取り上げ，単なる教育制度の解説にとどまらず，根底にある人間形成観に注目する。また現代思想に留意し，そのラディカルな方法にも着目。
人間形成の歴史と本質　A5判 164頁　本体 1900円	0794-3 C3037
（東洋大学）倉内史郎 東京大学　鈴木眞理 編著	生涯学習のとらえ方，見方を，より教育学的なものに近づけようと試みる。全編を学習者（その特性）→学習内容（社会的課題）→学習方法（反復）の流れから，それに行政・制度と国際的展望を加えて構成。
生涯学習の基礎　A5判 215頁　本体 2100円	0779-X C3037
岩内亮一・萩原元昭 深谷昌志・本吉修二 編著	中項目中心に基本用語を精選，事項約770項目，人名約100項目を収録，各項目とも問題発見的発展的な執筆方針をとっている。教職志望の学生はもちろん研究者から現場の教師まで役立つハンディ辞典。
教育学用語辞典〔第三版〕　四六判 318頁　本体 2400円	0587-8 C3037